ROUTINES AND TRANSITIONS
A Guide for Early Childhood Professionals

幼儿园日常生活与过渡环节
幼儿教师工作指导手册

［加］妮科尔·马伦范特（Nicole Malenfant）/ 著
蔡　菡 / 译

中国轻工业出版社

图书在版编目（CIP）数据

幼儿园日常生活与过渡环节：幼儿教师工作指导手册／（加）妮科尔·马伦范特（Nicole Malenfant）著；蔡菡译. —北京：中国轻工业出版社，2024.1

ISBN 978-7-5184-4354-3

Ⅰ. ①幼…　Ⅱ. ①妮…　②蔡…　Ⅲ. ①幼教人员－教学工作－手册　Ⅳ. ①G615-62

中国国家版本馆CIP数据核字（2023）第153038号

责任编辑：牟　聪　　责任终审：张乃柬
文字编辑：李芳芳　　责任校对：刘志颖
策划编辑：吴　红　　责任监印：吴维斌

出版发行：中国轻工业出版社（北京鲁谷东街5号，邮编：100040）
印　　刷：三河市鑫金马印装有限公司
经　　销：各地新华书店
版　　次：2024年1月第1版第1次印刷
开　　本：710×1000　1/16　印张：12.25
字　　数：120千字
书　　号：ISBN 978-7-5184-4354-3　定价：48.00元
读者热线：010-65181109
发行电话：010-85119832　010-85119912
网　　址：http://www.chlip.com.cn　http://www.wqedu.com
电子信箱：1012305542@qq.com
如发现图书残缺请拨打读者热线联系调换
221713Y1X101ZYW

译 者 序

每学期我带学前教育专业的学生参加见习、实习时，学生们总有一堆问题会问我："班上的幼儿不肯吃饭，怎么办？""我让孩子们去收玩具，他们不理我，怎么办？""带孩子们去户外，一路上他们叽叽喳喳，队伍拖拖拉拉，我扯着嗓子让他们安静、排好队，还没到操场我就满头大汗了。怎么办？""在午睡起床环节我帮孩子们穿衣服，但带班老师不让我帮，说'越帮，孩子越不愿动手自己穿'。但我看有的孩子穿不上衣服。我该怎么办？"是的，这些看似与"教学"无关的问题，不仅给新手教师带来了深深的困扰，也影响着教师每天与幼儿共同生活的质量。

其实，在进入常熟理工学院师范学院学前教育系任教之前，我曾在无锡市实验幼儿园工作了整整 13 年半。不论是新教师培训还是每日晨会，园部的很多培训、交流内容都会围绕如何高质量地组织在园生活而展开。既有"各类急救培训""过敏儿、肥胖儿等特需儿童的照护"等专题培训，也有"午睡时遮光帘不要全部拉满，全黑的午睡室不利于教师巡视""在班级师生上下楼梯时主班教师应在前，配班教师应在后，保育员应在中间"的即时交流。这些具体的操作性指导很难在师范专业的哪本教材中找到、找全，但又确实是当时还是新教师的我最急需的内容。

于是，在 2022 年年初中国轻工业出版社万千教育编辑部的吴红主任将这本书的英文原著电子版发给我，询问我是否愿意翻译时，我欣然答应，不仅是基于之前的经历和体会，还有以下三个原因。

第一，高质量的日常生活，是高质量幼儿园教育的一个重要组成部分。

教学活动、游戏活动、日常生活活动是幼儿园课程中最常见的课程实施途径。在追求高质量教育的当下，不论是在理论层面还是在实践层面，围绕前两类活动的研究都呈现出百花齐放、不断推陈出新的样态。

然而，教育的质量体现在一日生活的质量，而不仅仅是教学和游戏。本书这样指出："许多幼儿会在这些机构中度过童年的大部分时光，有时一年超过 2000 小时。因此，提供高质量的优质服务至关重要。在这些高质量的活动中，日常生活活动和过渡环节占了日程时间的一半以上。"

当儿童在托幼机构的时间被量化以后，我们就会猛然发现平时被忽视的"日常生活活动和过渡环节"的时间占比原来那么大。如果这些时间被草草度过而没有被赋予教育价值，那么高质量的幼儿园教育也就无法实现。因此，本书主张：从发展的角度来思考日常生活活动的每部分……像设计和组织其他活动那样，精心设计和组织日常生活活动以及过渡环节。

第二，本书贯通理论与实践，既有前沿观念引领，又有具体的操作指导。

如何高质量地开展幼儿在园的各类日常生活活动和过渡环节？本书的第一章和第二章提出了作者的理论框架并概括性地介绍了常用的组织策略。重点介绍了作者所倡导的"民工教育法"（democratic pedagogy）。作者认为："儿童是自身发展和自己生活的积极参与者。""本书的教育方法是利用日常生活活动和过渡环节来为儿童的生活做准备，激励他们学习，并引导他们发展自己的能力和天赋，同时尊重他们独特的风格和自己的节奏。"这样的观点引导我们从变革教育观出发，去重新认识、反思日常生活的教育价值和组织方式。

在随后的第三章到第十一章，作者分别围绕洗手如厕、进餐、午休、穿脱衣服、打扫整理、集体活动、排队进出、来园离园、组织幼儿等待等具体内容，在提出观点的同时辅以具体可实操的指导。以第七章的"整理活动"为例，作者从提出观点开始："一个井井有条的空间是以赋予幼儿责任为前提的。"进而分析整理活动对幼儿的价值："日常整理是提高幼儿对环境中的物品和设施认知程度的最佳机会。""一个精心设计的环境能培养幼儿的胜任感，并帮助他们承担责任，这是幼儿的自尊心得以发展的基本要素。"再从具体操作层面探讨如何鼓励幼儿参与整理和打扫，如：规划布局、合理期望、预先提醒、管理时间、正强化、让幼儿承担后果、鼓励随手整理、设计游戏等。绝大多数的操作性建议都具有跨文化的适用性，有些稍加变通后也会达到良好的效果。

第三，本书阅读对象广泛，不仅适合幼儿园新手教师、学前教育专业学生阅读，也可以用于保育员培训、成长期教师的自我提升。

本书的阅读对象并不仅仅是幼儿园教师。在书中，作者以“教育工作者”（educators）一词来指所有承担幼儿教育角色的成人。称谓的改变，传达着作者的一个潜在观点，即：除了幼儿园教师，班级保育员、托幼机构的育婴师等从事幼教的工作者们，也应该了解日常生活活动与过渡环节的重要性，并掌握组织这些活动的方法和策略。这样，班级的教师才能相互配合，共同为塑造高质量的在园生活而努力。同时，作者对教育工作者提出了明确的要求和期望：“在维护儿童身心安全及健康发展的同时，幼儿教育工作者通过营造温暖、舒适的氛围，让儿童能够按照自己的节奏掌握基本的生活技能，从而最大限度地发挥日常生活活动和过渡环节活动的价值。这样的教育者才是有经验的专业人士，而不仅仅是照看孩子的保姆。”

作为一本强调操作性的指导手册，本书尤其适合缺乏操作经验的学前教育专业学生和新手教师。例如，在第一章中，作者指出，与家庭建立伙伴关系是必要的。在第十章中围绕来园、离园活动中与家长的交流，作者又给出了极为具体的指导：“最重要的是，不要等到幼儿出现问题时才开始与家长交流。对幼儿的幸福至关重要的伙伴关系是随着时间慢慢建立起来的。”“当家长说个不停时，礼貌地为自己找借口离开，然后回到工作中，‘对不起，我不能和你多谈了。我需要回去看看孩子们。’”为了帮助读者更好地获取书中所传达的信息，本书还提供了大量佐证性的图片，以及概括性的信息框，以列出关键条目供读者查找。

最后，感谢中国轻工业出版社万千教育编辑部吴红主任及其他编辑老师对我的帮助，使得本书得以顺利出版。感谢我的家人对我的支持，让我在工作之余能够全身心地投入翻译工作中；尤其感谢我的先生奚润丰在翻译方面给予我的帮助，让本书的翻译质量得到了更多保证。本书的翻译过程受以下两项课题的资助（ 2021 年度江苏省教育科学“十四五”规划立项课题“生态心理学视角下支持幼儿主动活动的动力系统研究”，C–c/2021/01/38；2022 年度江苏高校哲学社会科学研究一般项目“生态心理学视角下幼儿教师课程创生的支持系统研究”，2022SJYB1489）。课题研究和翻译过程都令我受益匪浅，但由于我时间有限、翻译能力和经验不足，仍难免有错漏欠妥之处，敬请读者批评指正！

蔡菡

2023 年 7 月

于常熟理工学院东湖校区

前　言

自从 20 世纪 80 年代初，我开始在一些幼儿教育机构中与孩子们打交道以来，我就有很多机会观察儿童早期教育项目。我对幼儿和教育领域的热情在早些年之前就被点燃，并且在与不同年龄段的幼儿、成人教育者阅读和研修的过程中，我的热情日益增长。这本书是我作为一个教育工作者、大学教授、顾问和实习基地督导，与幼儿教育机构进行多次接触的结果。本书的内容是基于一整套理论框架的实践经验。

我的经验使我确信，一日生活和过渡环节所必需的基本技能具有教育价值。我经常目睹教育工作者与幼儿一起互动。毫无疑问，通过日复一日、一小时又一小时重复的教育活动，教育工作者可以极大地影响儿童的发展。想想看，教育工作者们是如何通过培养幼儿日常的穿衣、吃饭和卫生习惯等基本生活技能来帮助幼儿逐渐变得独立的。教育工作者们还帮助幼儿学习集体生活的规则，发展语言和社交技能。这些技能的学习绝非偶然发生的。实际上，它高度依赖教育者的专业能力。帮助幼儿习得这些基本的生活技能,还需要家长的密切配合。

考虑到在幼儿教育机构中所涉及的日常生活活动和过渡环节的比例较大，我们应该在幼儿教育课程中给予它们一个重要的位置。因此，我希望这本关于日常生活活动和过渡环节的参考书能够成为对幼儿教育工作者有用的教学工具。对于学前教育专业的师范生、任何正在直接或间接接受学前教育在职培训的人（教育工作者、管理人员或家长）来说，本书也都值得一读。当然，我的建议不是绝对正确的，也不是什么神奇的药方。相反，它们旨在为反思性的实践提供指导方针。

这本书所涵盖的年龄跨度为 2—8 岁。

本书由十一章组成。前两章解释了民主教育法的理论框架，因为它与日常生活活动和过渡环节有关。这两章还概述了日常生活活动和过渡环节活动的组织和实施。

接下来的九章涵盖了以下日常生活活动：洗手、刷牙、如厕、擤鼻涕、吃点心、进餐、午睡或休息、穿脱衣服。此外它们还涵盖了以下过渡环节的活动：整理和打扫卫生、集体活动和圆圈时间、来园和离园环节以及不可避免的等待环节。

本书中的"教育工作者"（educators）一词是指所有承担幼儿教育角色的成人。今天的社会现实是，在儿童保育机构中照顾幼儿的人员主要是女性。因此，全书会用"她"这个词来指代男性和女性幼儿教育者，其唯一的目的是使文本更易于阅读。同时，出于公平，我在指代两种性别的幼儿时会分别使用男性代词（他）和女性代词（她）。

本书选择"幼儿教育机构"（early childhood program）和"儿童保育中心"（childcare center）这两个术语指代不同类型的托幼机构。它们包括儿童保育中心（child care center）、家庭式（或住家式）托儿所（family/home child care）、临时看护中心（drop-in center）以及幼儿园（preschool）[①]。本书中的信息也可用于学前班（kindergarten）[②] 和其他针对 8 岁以下儿童的教育项目中对日常生活活动和过渡环节的管理。

---

① 幼儿园（preschool），在加拿大常指为 2.5—5 岁幼儿提供托育服务的机构。——译者注

② 学前班（kindergarten），在加拿大常指为 5—6 岁幼儿提供保育教育服务的机构。——译者注

目　录

第一章　理论框架

本章内容

一、童年：人生的关键阶段

二、幼儿教育的重要性

三、参考框架：民主教育法

四、幼儿园日常生活和过渡环节

（一）什么是日常生活活动

（二）什么是过渡环节活动

五、民主教育法的应用

（一）人文环境策略

（二）物理环境策略

（三）时间管理策略

（四）满足幼儿真实需求的策略

（五）推广教育价值观的策略

大多数人都会同意这一点：生命的最初几年是一个人发展的关键时期。此外，众所周知，儿童潜能的实现并不是偶然的结果。在身体、心理活动、智力、社会和情感发展领域，儿童受到了许多影响，这些影响在很大程度上是可以控制的。不少研究强调了高质量的幼儿教育机构的积极影响，这些幼儿教育机构包括住家式或家庭式托儿所、儿童保育中心、学前班或其他类型的托幼项目。我们也知道，许多幼儿会在这些机构中度过童年的大部分时光，有时一年超过 2000 小时。因此，提供高质量的优质服务至关重要。在这些高质量的活动中，日常生活活动和过渡环节占了日程时间的一半以上。

一、童年：人生的关键阶段

如果不首先提出童年这个话题，我们就难以想象这是一本关于幼儿园日常生活活动和过渡环节的书。这本书用简单的术语来探讨童年这个话题，但没有过多关注主要的幼儿发展理论，尽管这些理论在许多文本中都有详细的讨论。

几个世纪以来，随着社会的发展，儿童和童年的概念经常发生变化。儿童有时被视为缺乏智慧的不完善的人，抑或廉价劳动力，而有时候他们又被看成像国王和王后那样神秘的存在或承载着某种更美好的未来。无论是在哪个历史时期，儿童一直被区别对待（Papalia，Olds，& Feldman，1998）。

直到最近，科学探究才揭示了童年的本质及其对人一生的显著影响。从 21 世纪初，人们就开始意识到童年不仅是身体成长的时期，也是学习并为未来做准备的时期。之后，美国陆续出台了青少年保护法，建立了支持家庭的社区服务中心，开发了适合儿童发展的儿童保育项目和游戏材料，联合国教科文组织（United Nations Educational，Scientific and Cultural Organization，UNESCO）正式通过了《儿童权利公约》（the Convention on the Rights of the Child）（1989 年 11 月 20 日）等，这些举措都是在证明童年的内在价值。尽管目前维护儿童权利的事业仍然是一项未完成的使命，但这是我们不断追求的目标，而坚实的研究和坚定的价值观是追求这一目标的基础。

理想的情况是，幼儿度过一个充满自信的童年生活，陪伴在其周围的是尽职尽责的、勤恳的、有爱心的成人。在潜意识里，每名幼儿都渴望成为一个值得尊重的人，拥有自己的发言权，能够展露自己的个性品质。当我们了解幼儿的需求并且越来越认识到幼儿教育的重要性时，我们就会倾向于支持有助于儿童发展的教育方法。幼儿教育工作者将通过专业资源、交流和培训，以及对儿童定期和系统性的观察来不断了解儿童。

所有幼儿都需要安全感、拥抱、激励、鼓励和指导（见图 1.1）。无论他们的出身如何，幼儿都应该拥有欢笑、哭泣、脆弱、依恋、行动、探索、受挫、肯定自我、歌唱、自豪、热爱生活的权利，并依靠成人来捍卫自己的需要，平安地成长。儿童既不是小大人，也不是弱小无力的人。他们是有着自身权利的人，具有不可思议的潜力，我们需要尽可能多地培养他们。

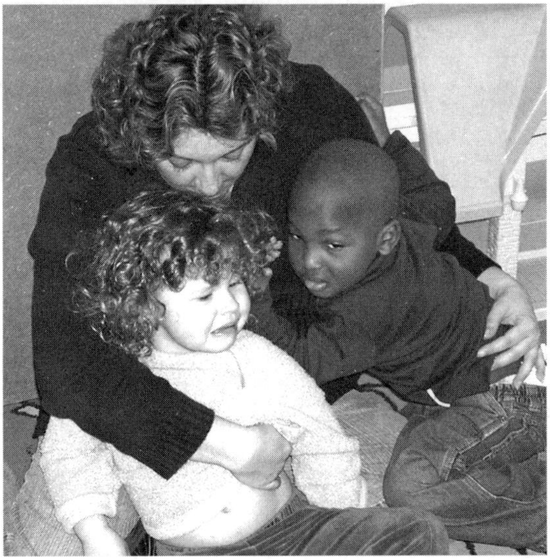

图 1.1

童年的定义不受发展标准或统计数据的限制。它首先是一个动态的、持续的过程，其中包含着个体不可避免的转变。成人的工作就是以最积极的方式促进这一过程（Legendre，1993，p.453）。

二、幼儿教育的重要性

近年来，随着社会的发展变化，幼儿教育场所不再局限于家庭，也涵盖社会上的儿童保育中心、幼儿园或家庭式托幼服务机构。幼儿教育正迅速成为一门区别于心理学和教育学的专业。在报纸、广播和电视报道、会议和互联网上，幼儿教育这个话题被越来越多地讨论。尽管发生了这样的变化，但“教育”一词往往仅限于学校学习，儿童保育中心里的幼儿教育好像是一件不那么严肃的事情。大多数人仍然认为，正规学校环境之外的教育就是让幼儿有事可做，直到他们到了上学的年龄为止。尽管这一幼儿教育观念是错误的，但仍然在人们心中根深蒂固。因此，传播有关幼儿教育的知识非常重要，因为这样做会直接影响儿童的福祉，进而影响儿童早期的学习，而这反过来又构成了儿童今后取得学业成功的基础。

如果父母是教育自己孩子的专家，那么教育者就应是在集体生活背景下的幼儿发展方面的专家。

甚至在进入“大学校”之前，儿童就有能力做出日常生活中的基本行为，这些行为在很大程度上决定了一个人的自主性。他们学会了自己走路、说话、吃饭和喝水、穿脱衣服、如厕，并且进行适当的卫生护理，如洗手和刷牙；还学会了处理一些社交情境，如表达他们的想法、做出选择、在自己的能力水平上解决问题、尊重集体生活的规则等。在许多情况下，幼儿通过幼儿教育机构中提供的众多活动来学习这些技能。通过这些积极的体验，幼儿有机会获得全面发展，从而为人生的下一阶段做准备。

三、参考框架：民主教育法

20 世纪，随着心理学研究的深入和更多人文实践工作的开展，教育理论家和实践工作者开始反对传统的、百科全书式的教学法，这种教育强调知识、技术学习，仅仅为进入学校学习做准备。他们开始倡导以儿童为中心的教育，关注儿童的整体发展。这种构想是让－雅克·卢梭（Jean-Jacques Rousseau）在18世纪提出的，比弗雷内（Freinet）、蒙台梭利（Montessori）和德克罗利（Decroly）在欧洲共同发起的“新学校运动”（the New School movement）所倡导的理念大约早了150年。在北美，这种更加开放的教育方式的影响直到20世纪60年代才开始显现，在70年代变得更加突出。

儿童心理学是一门相对较新的科学。皮亚杰（Piaget）的认知发展理论对儿童教育的影响最大。贝特尔海姆（Bettelheim）、弗洛伊德（Freud）、埃里克森（Erikson）、维果茨基（Vygotsky）以及多尔托（Dolto）、布莱泽尔顿（Brazelton）、多德森（Dodson）和戈登（Gordon）这样的儿科医生，都以这样或那样的方式影响了以儿童为中心的教育观和主动学习的概念，而这也是当今许多教育项目的基础。其他久经检验的教育项目包括：全美幼教协会（National Association for the Education of Young Children，NAEYC）的发展适宜性教育实践（Developmentally Appropriate Practice，DAP）项目、银行街教育方案（the Bank Street Model）[发展－互动模式（Developmental Interaction Approach）]和高瞻课程（High/Scope Program）。新学校运动的几个组成部分是由加拿大魁北克省政府为儿童保育服务创建的“游戏是魔法”（Play is magical）项目固有的。

这里提出的框架不仅关注儿童真正的需求，还着眼于促进他们的全面发展。因为当儿童的基本需求得到满足时，他们会发展得更好，所以我们为儿童的吃饭、午休和卫生保健留出了更多的空间。在这样的整体观下，儿童是自身发展和自己生活的积极参与者。这种民主的教育方式与专制、自由的教育方式形成了鲜明的对比：专制的教育方式迫使儿童迎合权威人士的期望，而另一个极端——自由的教育方式则让儿童独自面对那些他们并不总是能够做出和执行的选择。

> 本书的教育方法是利用日常生活活动和过渡环节来为儿童的生活做准备，激励他们学习，并引导他们发展自己的能力和天赋，同时尊重他们独特的风格和自己的节奏。我们将其称为民主教育法。

以实现儿童潜能为主要目标的教育方法有许多不同的名称，本文采用了“民主教育法”一词。之所以倾向于以这种模式来规划和组织儿童的日常生活活动和过渡环节，是因为它是一种能够满足儿童需求的极好的方法，明天的世界是由今天的儿童建立的（参见专栏 1.1）。

专栏 1.1　民主教育法的特点

- 将儿童的整体发展置于首要地位。
- 尊重儿童的生理、心理、社会和文化特质，以及他们的真实需求。
- 在学习过程中，游戏是无价的。
- 儿童积极参与大大小小的日常事务。
- 与家庭合作。

在民主教育法的背景下，学习是一个协同的过程，其中身体、心理活动、社会及情感、认知等任何一方面的发展都会激发另一方面的发展。例如，一个儿童可能会因为观察到某名成人吃了某种水果，或者听了关于这种水果的故事，而对某种新食物（如杧果）产生兴趣。通过这种方式，在语言、想象力、理解力、感知觉、情感关系和营养需求等的协同作用下，教师可以为儿童提供某种新的体验。

游戏是儿童理解周围世界的自然方式。日常生活活动和过渡环节为他们提供了很多在游戏过程中学习的机会，例如：在歌谣的帮助下，玩按照正确的顺序穿衣服的游戏；玩把玩具送回“家”的游戏；玩像小老鼠那样移动时不发出声音的游戏。通过这些游戏，幼儿掌握了基本的能力。

每个儿童都是一个独特的人，值得进行深入和详细的研究，而不必根据年龄、家庭背景或性别将其进行分类。当我们将每个儿童视为独一无二的存在时，我们就会在鼓励她适应集体生活的同时，也尊重她的个性和文化。我们鼓励她自主做出选择，并培养她的自尊心。我们帮助她表达自身需求，并根据她的能力帮助她努力满足这些需求。这种教学法需要教师具有儿童发展方面的知识和对儿童系统的观察，因为儿童和周围的世界是不断变化的。

在民主教育法的视野下，儿童受到了重视，同样家长和幼儿教育工作者在促进儿童潜能发展方面也起着至关重要的作用，他们充当了引导者、支持者和调解者的角色。家长的合作对于民主教学法的成功来说至关重要。教育机构必须采取一系列方式来促进与家庭的合作。就教育机构中的日常生活活动和过渡环节而言，民主教育法是由教育者不断探索和反思所激发的一套有意识的动态行动。教育者通过适当的教育选择，让孩子们根据自己的发展阶段、节奏和实际情况进行学习。

四、幼儿园日常生活和过渡环节

幼儿园的一日生活里充满了促进幼儿整体发展的活动。其中一些活动每天都会重复，构成了一日生活的框架。这些活动就是日常生活活动和过渡环节活动。尽管这两种活动占据了幼儿一天中的大部分时间，但它们并不总是像教师发起的集体教学、小组活动以及自由游戏那样受到同样的重视。不管怎样，教育者必须组织和引导一些基本的生活任务，如吃点心、清洁手和嘴、准备午睡和穿衣等。

尽管每天都在不断重复，但日常生活活动和过渡环节活动并非微不足道。相反，在这些时间段里有很多事情要做，有很多东西要学。幼儿教育机构为孩子们提供了发展各种技能的机会，涉及自主、语言表达、自我认知、自尊、集体生活等，这些技能是个体发展所必需的。在许多方面，日常生活活动和过渡环节活动与更受认可的教育活动（如语言启蒙、逻辑游戏、艺术、手眼协调、全身运动游戏和活动等）一样重要且必不可少。

知识丰富的幼儿教育工作者知道如何使用日常生活活动和过渡环节活动来促进幼儿的健康发展，以及了解如何引导幼儿识别并满足自己的基本需求，如：吃饭是为了照顾自己的身体，休息是为了恢复活力，戴帽子是为了防晒等。在维护儿童身心安全及健康发展的同时，幼儿教育工作者通过营造温暖、舒适的氛围，让儿童能够按照自己的节奏掌握基本的生活技能，从而最大限度地发挥日常生活活动和过渡环节活动的价值。这样的教育者才是有经验的专业人士，而不仅仅是照看孩子的保姆。这种对儿童的基本照料并不是一项只需少量知识和能力的机械技能。这种照料是一日生活的主要目的，需要教育者具备特定的知识和技能。

学步儿和幼儿每周可能会在幼儿园中度过多达 55 小时，累计每年 2640 小时，在整个学龄前阶段儿童在幼儿园中的总时间会超过 13200 小时。在这段时间里，他们将学习一生中所需的基本技能，这些技能（吃饭、睡觉、走路、穿衣、交流等）占成人日常生活所需技能的一半。关键在于，从发展的角度来思考日常生活活动的每部分（Brickman & Taylor，1991，p.43）。

除了常见的活动类型（感官活动、运动、主题活动、语言启蒙、富有教育意义的郊游、自由游戏、户外游戏）之外，基本活动和日常生活活动也有利于儿童的发展。在幼儿教育机构中，可能有超过 50% 的时间专门用于日常生活活动和过渡环节（在 0—2 岁婴幼儿的机构中为 80%），大约每年 1320 小时，甚至更多。这意味着，在学龄前阶段（0—5 岁），每个在幼儿保育机构中的孩子要花 6600 小时在家庭以外进行日常生活活动和过渡环节。这些数字不言自明：它们揭示了这些时间段在幼儿生活中的重要性，以及教育者关注这些环节的必要性。

对于教育者而言，日常生活活动和过渡环节活动构成了与儿童进行个别接触的特殊机会。当儿童来园或离园时，或者在午睡或吃点心的时候，教育者就会通过语言和微笑与儿童进行交流，并关注到儿童的行为（然而，在这些时候，儿童也可能会因为疲劳或难以进行活动转换而反抗成人）。过渡环节活动也提供了练习语言技能的机会，鼓励儿童与同龄人交流。在吃点心、穿衣服或脱衣服时，儿童有很多时间聊天。这些活动还提供了解决冲突或发展更大的身体自主性的机会。

（一）什么是日常生活活动

在教育机构中，日常生活活动是每天必须开展的、例行的一类基本活动。此类活动通常安排在固定的时间，并构成一天的核心线索。大量的日常生活活动旨在满足儿童的基本需求，如吃、喝、排泄、休息、静息、保持良好的卫生、保暖等。幼儿的年龄越小，这些日常例行活动花费的时间就越长，发生的频率也越高。这些任务也需要成人更多的关注。幼儿常见的日常生活活动如下。

- 清洁卫生：洗手、刷牙、如厕、擤鼻涕
- 点心和进餐
- 午睡或休息
- 穿脱衣服

除了满足生理需求外，日常生活活动还有助于促进幼儿的情绪健康。这些活动可以让幼儿预见接下来会发生什么，从而帮助幼儿获得时间意识。这是一种对于建立信任来讲至关重要的安全感。

（二）什么是过渡环节活动

过渡环节活动通常简单且用时较短。它旨在连接两个较长的活动，作用在于调控和分割这一整天的各个时间段。过渡环节活动宣告着一些变化，包括活动、区域、游戏伙伴或教育者的改变。它们包括：

- 整理和打扫
- 集合
- 集体去另一个地方
- 来园和离园
- 不可避免的等待

良好的过渡环节活动可以建立活动之间的联系。过渡环节应尽可能尊重儿童的节奏，并根据儿童的发展阶段鼓励他们积极参与和自主选择。过渡环节很容易组织，只需要很少的材料，甚至不需要材料。

过渡环节活动需要教育工作者特别关注，从而以一种和谐的方式保证活动的顺序。认真规划活动的顺序，创造性地利用活动之间的时间，可以避免孩子们的紧张和骚乱（见图 1.2）。

图 1.2

五、民主教育法的应用

一些具体行为的学习效果取决于教育者干预的质量，如整洁地进餐、扣好外套扣子、收拾玩具、安静地走动或在入口处耐心地等待。安全的保障、与教育工作者密切接触、可靠的指导、自我控制以及必要的组织，这些方面对于幼儿以尽可能积极的方式度过日常生活和过渡环节至关重要。这些时候往往是考验幼儿教育工作者耐心和创造力的时刻。试想一下，在寒冷的冬天让孩子们穿衣服，孩子们不得不在有限的时间内穿上防雪服和靴子，戴上手套和帽子，以避免入口处的交通堵塞，避免孩子们会变得不耐烦。在这一过程中，教师会重复多少次相同的指示？“快点，其他人都准备出门了。”“快点，我叫你穿衣服已经叫了 3 遍了。”在帮 2 岁的孩子穿衣服时，又会发生多少压力事件？一个孩子哭着要教师把她抱在怀里，另一个孩子流着鼻涕，还有两个孩子跑到了走廊出口。对教育者和孩子们来说，这样的过渡环节费时费力且充满压力。

以下一系列关于人文环境、物理环境、时间管理、满足儿童真实需求以及推广教育价值观的教育策略，都将有助于在尊重每个儿童需求的同时，确保日常生活和过渡环节的顺利进行（见本章末尾的图 1.4）。

（一）人文环境策略

- 确保教师队伍的稳定。
- 促进家庭和儿童保育机构之间的合作，以尽量减少幼儿入园适应方面的困难。在家长和教育人员之间建立伙伴关系，以促进两种环境之间的联结。
- 创造一种能让儿童尽可能独立行动的环境。例如，教儿童如何在洗手池里有效地洗手（见图 1.3），而不是替他们擦手。

图 1.3

- 给出明确的指示，并注意保持指示的一致性，持续监督。
- 鼓励儿童根据自己的能力和环境自主学习。例如,有的儿童能够自主用餐，而另一些儿童则需要帮助。
- 将日常生活活动和过渡环节活动转变成游戏，吸引儿童的注意力并使之感兴趣。
- 根据儿童的年龄和能力培养其渐进式的学习和社交技能，如:与同伴互动、融入其他年龄组、分享等。
- 帮助 3 岁及以上的儿童发展自律意识和能力，鼓励他们处理自己的冲突、理解不被接受的行为会导致的后果，同时教他们认识到什么是可接受的行为。让他们意识到自身的行为对自己和他人带来的后果。
- 鼓励儿童自己寻找解决问题的方法。例如，帮助 4 岁的鹏鹏（他很难接受除了朋友之外的其他人）找到一个让自己和同伴都满意的折中方案。
- 考虑儿童提出的直接或间接的建议。例如，按照其中一名儿童建议的方式庆祝整理任务的结束。

（二）物理环境策略

- 控制噪声水平：使用平静的声音，安装吸音材料，并控制单位空间里幼儿的数量。
- 规划好空间，使其具有安全感、吸引力，光线充足，通风良好且保持整洁。
- 控制每间教室里的幼儿人数。
- 设置一个放松角。在一天中安排几个关键时段，让幼儿选择有利于放松的游戏材料。
- 规划有助于激发幼儿主动性和归属感的环境。在墙上展示幼儿的图画和照片。
- 根据幼儿的发展水平，与其合作规划各个区域。
- 在进行必要的改变时，要考虑到幼儿的反应。
- 时刻确保幼儿的安全：遵守有关幼儿人数限制的规定，确保紧急电话号码和急救箱可以随时取用，了解疏散程序。
- 确保所有材料安全、整齐地储存，具有启发性和多样性，适应幼儿的发展水平，并根据幼儿的需要来提供。
- 家具应安全且适合使用者（包括幼儿和成人）的体形。

（三）时间管理策略

- 制定一个既具有结构又具有灵活性的活动时间表，以便有足够的时间以轻松的方式完成日常生活活动和过渡环节活动。
- 尽可能减少时间限制。
- 交替进行体力活动和非体力活动，以及需要集中注意力的活动和放松活动。
- 平衡集体、小组和个人活动。
- 根据幼儿的需要，计划和安排幼儿发起的活动和教师发起的活动。
- 确保室内活动和室外活动之间的平衡。

（四）满足幼儿真实需求的策略

- 确保幼儿的基本需求（如吃、喝、排泄、休息、呼吸健康的空气以及享受户外阳光）得到满足。在满足幼儿的这些生理需求时，请尊重他们的基本节奏。给予幼儿一个宽敞的环境，在那里他们可以娱乐、玩耍、运动，并为他们的情绪提供健康的宣泄渠道。
- 给予幼儿机会学习如何照顾自己以及如何让自己保持舒适，知道疲劳和不适的征兆是什么。
- 鼓励幼儿发展自尊心。重视他们个人的成就和优势。避免攀比和迷恋功能性产品及成品玩具。
- 定期学习关于儿童行为的理论知识。
- 培养幼儿的社会适应能力：与成人建立亲密关系、与同龄人建立友谊、发展性别认同以及与可以作为良好的榜样的重要成人建立联系。
- 即使是在最简单的任务中，也要培养幼儿的好奇心、创造力和惊奇感。

（五）推广教育价值观的策略

- 践行民主教育法的价值观（见图 1.4）：为了每个幼儿的幸福、自尊、自主

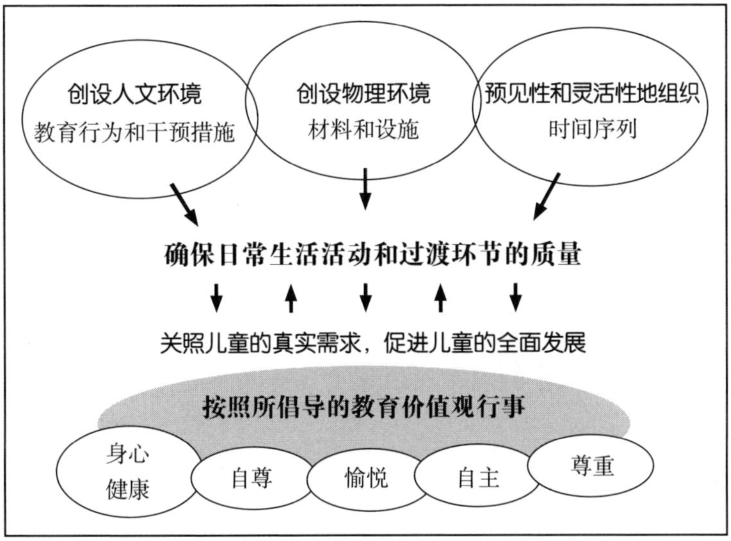

图 1.4　适用于幼儿园日常生活活动和过渡环节的民主教育法

和独特性。

- 定期评估教育行为，以确保价值观的一致性。

下一章将详细讨论这些策略，以更好地说明在日常生活活动和过渡环节中民主教育法的基础。

第二章　常用策略

本章内容

临时的日常生活活动和过渡环节活动不会引发幼儿进行高质量的活动。实际上，高质量的日常生活活动和过渡环节活动是在经验积累的基础上教育工作者深思熟虑的结果。教育工作者的一个重要作用就是确保大量日常生活活动和过渡环节活动的顺利展开，这些活动贯穿于幼儿园的一日生活。为了使活动取得成功，教育工作者需要在第一章提出的理论基础上落实下述策略。

一、计划与组织

日常生活活动和过渡环节活动必须像其他教育活动一样做计划。为了让所有人受益并感到愉快，它们必须基于同样的教育原则。

图 2.1

对于幼儿教育工作者和儿童来说，过渡环节能够决定一天是艰难的还是和谐的（Hohmann & Weikart，1995）。精心安排的过渡环节能够激发幼儿学习、为幼儿提供动力且能够促进人际关系，让幼儿为获得新能力而自豪。提前制定一日生活流程表也可以更好地应对问题情况（见图 2.1）。即使在没有问题的情况下，流程表对于日常生活活动和过渡环节活动也有诸多好处。此外，做好一日生活流程表还有助于教师对集体和每个幼儿进行观察。注意，一日生活流程表必须有足够长的时间来进行试用，使得教育者能够注意到它的优点和局限性，并允许教育者对它进行必要的修改。此外，随着情况的变化，流程表也需要不断更新和完善。相关示例请参见表 2.1。

事实上，做日常生活和过渡环节计划需要花费时间和精力。然而，做好合理的计划能够预估困难的情境并制定相应的策略，以此增加幼儿的配合度，从而最大限度地减少维持纪律所耗费的时间。考虑到日常生活活动和过渡环节活动在一

表 2.1　过渡环节活动计划和评估模型示例

策略 / 负责人	整理		集体转移		集体活动和圆圈时间	
	实施	评估	实施	评估	实施	评估
口头提示（说明） 谁：						
玩偶的使用 谁：						
循序渐进，避免等待时间 谁：						
歌曲或儿歌 谁：						
运用想象 谁：						
可视化线索（图片） 谁：						

天中占有很大的比重，我们至少应像计划其他时间段的活动一样，仔细地计划。

请记住，计划中必须涉及对意外情况的处理。事实上，考虑到幼儿在教育环境中的需求，教育工作者必须把握计划安排与自发行为之间的平衡。

二、预防问题情境的出现

对于日常生活活动和过渡环节活动中出现的问题，存在许多不同的解释，教师需要对这些解释进行仔细分析。紧张的主要来源之一是很多幼儿同时处于一个封闭的物理空间。要避免出现问题，教师就必须对此进行处理。群体越大，幼儿学到的内容就越少，即使在师幼比合理的情况下也是如此（Hendrick，1988，p.37）。

首先，一个包括观察、解读和分析在内的系统观察有助于识别导致问题的因素以及潜在的问题解决方案。其次，尽量减少人员流动，建立稳定的幼儿群体，控制噪声水平，这些措施一定也会改善日常生活活动和过渡环节活动的氛围。

三、制定日常生活活动时间表

稳定性和一致性是日常生活活动和过渡环节活动的基石。当一天的活动进程可预测时，幼儿的时间意识也会增强。一个稳定而有规律的时间表会产生两个积极的结果：第一，它确保所有计划好的活动都得到实施；第二，它提供了一个参照系，增加了幼儿的安全感。对于年龄越小的儿童来说越是如此。对于一些儿童来说，在他们不稳定的生活中最具稳定性的是他们离开家之后的日常生活活动的可预测性（Tyminski，2006）。

3 岁左右，儿童就开始内化时间表，直到他们能够将日常生活活动和过渡环节活动与当天的其他活动区分开。当儿童意识到事件的发生顺序时，他们就会有动力更快地穿好衣服去外面玩。预测即将发生的事会让儿童觉得他们能够控制正在发生的事。一日生活时间表并不是僵化的，它提供了一个日常活动的实施框架，还能够让幼儿的家长了解白天在幼儿园里发生的事。其中的关键在于，要了解日常生活活动，并将发生的任何变化告知所有人（Tyminski，2006）。

以下是一个时间表的例子（见表 2.2）。不要忘记它只是一个例子，时间表应该始终保持灵活性。

表 2.2 某个儿童保育中心的时间表

（根据民主教育法，为 2—3 岁幼儿做的设计）

上午	下午
7:00，教师陆续抵达。 · 幼儿开园。 · 幼儿和家长陆续到来。 · 迎接幼儿。 · 在入口处脱掉外套。 · 不同年龄段的幼儿集合在一起。 · 与家长进行个别沟通，询问幼儿的健康状况。 · 宣布某项特殊活动（可选）。	12:15，教师和幼儿一起合作清理餐桌和地板。 · 刷牙。 · 如厕。 · 洗脸和洗手。 ·准备午睡设施和用品，并让幼儿参与其中。 ·幼儿自行脱衣服（如简单的袜子、鞋子等）。 ·在同一时段设置安静游戏，让幼儿自己选择。 · 午睡仪式：故事、歌曲、自我按摩。

（续表）

上午	下午
・根据保育中心和家长之间预设的协议事先安排早餐（可选）。 ・安排只需要最少监护的安静游戏，以便教师能够欢迎其他孩子和家长。 ・为幼儿提供可使用的游戏材料。 ・与幼儿合作进行整理。 **8:45，幼儿由本班教师带回教室。** ・分配当天的任务，如记录气象图。（这里不应太长或太刻板，应以幼儿的实际兴趣为基础。） **9:00，幼儿洗手、如厕。** ・以友好和轻松的方式度过点心和集中时段。 **10:00，幼儿涂抹防晒霜，穿好外套（如果可以）。** ・以小组活动的方式，在户外或室内开展儿童主导的游戏，具体活动类型视天气而定。 **11:00，教师和幼儿一起合作收拾。** ・回到室内，脱掉户外服（如果需要）。 ・如厕，洗手。 ・准备吃午饭。 **11:30，在友好轻松的氛围中享用午餐，有一名固定的教师在桌旁陪伴。**	**12:45，幼儿午睡。** ・积极而放松的氛围。 ・根据幼儿的数量，安排 1~2 名教师不断巡视。 **13:45，教师为不睡觉的幼儿提供安静游戏。** ・教师：在每个孩子的日志中记录信息和观察结果。 **14:15，教师唤醒幼儿，同时尊重他们的个人节奏。** ・幼儿自己穿衣服。 ・如厕。 ・和幼儿一起合作打包床上用品。 ・进行幼儿主导的游戏或自由游戏，定期轮换游戏材料。 **15:00，洗手。** ・吃点心和开展集体活动。 ・穿好外套并涂抹防晒霜（如果适用）。 **15:45，小组活动（室内或户外）。** ・陆续集合不同年龄段的幼儿。 **16:30，家长开始到达。** ・幼儿和教师开始离园。 ・热烈、个性化地欢迎家长。 **18:05，保育中心关闭。** ・教师可以规划第二天工作的细节。 ・准备点心、材料等。 ・清洁盥洗室、便盆等。

> 应尽可能地限制幼儿在园看电视的时间，因为大多数幼儿每周在家里看大约 20 小时的电视节目。

有许多策略可以帮助幼儿以一种平和的方式度过日常生活和过渡环节，如提前准备活动所需的材料，减少等待时间，避免让许多幼儿同时进行同一项活动等。幼儿可以按照自己的节奏开始活动。例如，幼儿从盥洗室回来就可以自己开始吃点心了。

通过陈列图画或照片来说明日常活动的顺序，可以帮助幼儿预测活动（见图 2.2）。每月的挂历可以用来标记学习访问、郊游和特殊活动的日子。

图 2.2

四、确保幼儿安全

安全第一！这是我们与幼儿一起工作时的座右铭。教师永远不要把任何事情都视为理所当然，要时刻监护孩子，确保安全（见图 2.3）。可悲的是，在儿童保育中心发生的任何事故本来都可以避免。一秒钟的注意力不集中、一件遗忘的物品或对物品使用不当都可能导致受伤。幼儿的受伤频率与监护质量直接相关（Pimento & Kernested，2004）。的确，我们必须从小教导幼儿要小心。但是教师始终对幼儿的安全负有首要责任。如果房间是共用的，就如住家式托儿所一样，那么维护安全就需要教师付出额外的努力。最后，教师必须勇于自己承担这一责任，而不是把责任推给他人。为了确保安全，应考虑空间的组织、材料的选择和检查、活动的规划以及降低噪声。

图 2.3

五、管理时间

教师有责任合理地管理时间，使得幼儿不会那么匆忙（除非在一些不可避免的情况下）。

教师必须考虑日常生活活动和过渡环节活动，以最大限度地发挥这些特别时刻的作用。一块简单的手表是必不可少的工具。通过管理自己的时间，教师会变得更加放松，更倾向于与幼儿交流，从而了解幼儿的个体需求。合理的时间管理能消除不必要的限制，如必须在短短十分钟内吃完点心。事实上，最好提前一点就开始吃点心，以便让幼儿享受进餐以及与同伴交流的乐趣。为日常生活活动和过渡环节活动制定一个现实可行的时间表，就能确保这些活动成功地开展。

六、平衡好新活动和熟悉的活动

对于那些有着固定生活规律的幼儿来说，在新活动和熟悉的活动之间保持谨慎的平衡是很重要的，尽量不要在短时间内给他们的生活带来太多、太快的变化。幼儿较少会为新奇的事物感到困扰，通过逐渐引入改变可以避免幼儿的不安全感。年龄稍大的幼儿甚至可以参与到改变的过程中，如承担一些简单的责任或提出某个建议。

一旦确定了优先事项，就可以分阶段进行改变。一次只解决一个问题是明智的。同时，要避免当场执行修改后的规则。

七、布置物理空间

一间教室或一个户外游戏区的物理空间的布置可以很大程度上反映一个儿童保育中心的水平。正如民主教育法所提倡的那样，一个温暖、有吸引力、舒适、实用、好客的物理环境对家长、教师和幼儿来说，有助于增进幸福感、促进社会化、提升对需求的个别化回应。如果盥洗室、活动区和衣帽架都在让人感到方便的位置上，那么所有活动都将受益。只要有可能，衣帽架需要有选择性地放置在靠近户外游戏区的出口位置。教室里的季节性装饰或儿童艺术装饰不应该让人不知所措。自然采光应该充足，但在需要时要能变柔和。温度应该是可调节的——不要太热，也不要太冷，墙壁应该采用中性或柔和的颜色。在理想情况下，所有房间的窗户每天都应该打开，以确保房间通风良好。

当人们经常出现头痛、疲劳、头晕或者眼睛、鼻子或喉咙发炎等症状时，工作人员应检查建筑物内的空气质量（Pimento & Kernested，2004，p.68）。

众所周知，环境对儿童的行为有很大的影响。精心布置的环境可以最大限度地减少纪律处罚的发生。例如，位于盥洗室的长凳必须为 20 多名轮流等待的孩子提供一个坐下的地方，这样才能避免疲劳和争吵。在儿童保育中心的每个房间里都必须清楚地标明为特定游戏预留的区域。其中可能包括：一个存放推拉器材的身体运动区，一个配有舒适的枕头和精美的书籍的休闲区，以及一个存放幼儿个人物品的区域。每个区域都应该用某种分隔物或架子来标识。地板上的彩色线条也可用来划定某个特定空间。休息区、游戏区、圆圈活动区、用餐区之间清晰且功能明确的划分能促进儿童活动的和谐与平静。

> 分隔物不能妨碍教育工作者全方位地监护所有儿童。

幼儿的安全和安全感至关重要。分隔物的高度必须非常低，如果可以，它们应该具备视线可以穿过的开口。分隔物的设计结构应使它们不会构成危险。

对房屋和建筑角落进行一个简单的划分，就会在游戏中产生截然不同的效果。在一间大教室里，清晰划分游戏区可以避免幼儿到处乱走，避免材料散落各处。然而，教师必须始终保持灵活性，即允许幼儿将材料从一个区域带到另一个区域，以促进幼儿游戏的开展。例如，幼儿可以穿着角色区的衣服来到厨房区，以表演餐厅的情景。当然，这种多用途的物品在使用后仍应被整齐地收纳。低矮的家具非常实用，它们有助于培养幼儿的自主性，这些家具包括：低矮的架子（不超过 1 米，见图 2.4），用于存放物品的口袋和壁板，带轮子的储物箱（便于幼儿拿取他们所需要的东西）。相反，一个宽阔而开放的空间，再加上幼儿够不到的材料，会增加幼儿的无聊感和对成人的依赖。同样，堆满游戏材料的空

图2.4

间会妨碍幼儿活动，使他们感到困惑和不安，还可能导致摔倒。请记住，在游戏时间内被弄得杂乱无章的空间应该在随后的整理时间里恢复到井井有条。将所有材料放回原位，幼儿就会很容易知道在哪里可以再次找到它们。

一个井井有条的空间是以赋予幼儿责任为前提的。幼儿会以爱护环境为荣。为了做到这一点，幼儿必须能够轻松找到自己保护环境的方式。实用的图片和贴画有助于实现这一点。如果清楚地张贴了明确的规则和提示，每个人就都能从中获得信息。例如：教师可以在存放小床的壁橱上，张贴一份详细的午睡时放置小床的安排表；同样，也可以在所有不透明的橱柜门和壁橱上贴标签，标明里面存放了哪些物品。如果要让幼儿在某个环境中感到如家庭般的舒适自在，那么教师就必须提供适合他们需要的游戏材料和设施，而且这些材料应适宜他们的身体及运动、智力、交际、社会情感和道德发展水平。

> 儿童的需求是所有教育理念的核心。尊重儿童必须做到仔细观察他们的语言和非语言反应。

图 2.5

至少在一天的某个时间段里，教师需要为幼儿提供一个安静的区域，与嘈杂的区域分隔开，这一点非常重要。室内和户外都需要有这样的空间。这样的区域必须与幼儿午睡的区域分开，可以让幼儿放松并摆脱集体生活中固有的压力。该区域可以包括：一个小的软垫沙发或扶手椅；豆袋椅；儿童可以安静地坐下、躺下或安静玩耍而不受他人干扰的坐垫；柔软的地毯；毛绒玩具；一个透明的屏风。同时，这一区域必须保持干净和安全（见图 2.5）。

> 整洁（但不是极端的一尘不染）、安全、干净、实用、防噪声、舒适，这些是幼儿教育机构中良好环境的共有特征。

八、控制噪声

控制噪声的必要性怎么强调也不为过。噪声会导致注意力难以集中，从而导致行为和注意力问题。可以吸收噪声的材料包括多孔材料、在金属柜上固定的大块软木、地毯、套在椅子脚上作为保护套的废网球、天花板上的装饰横幅以及建构区 / 积木游戏区的小地毯。建筑物的结构不容易修改，但要尽可能地选择以降低噪声为目的的材料。成人也许会试图限制幼儿的动作以降低分贝，他们可能还会要求幼儿慢慢地推椅子、小声说话或在他们发出噪声时让他们说抱歉。然而，这些都不是解决噪声问题的有效方法。减少噪声最有效的方法是减少特定空间内幼儿的数量。再提醒一句：如果背景音乐播放超过 10 分钟，交谈往往会变得越来越困难，通常还会导致噪声水平上升。

噪声水平越高，幼儿的躁动程度越高，引发干预的次数也会越多。众所周知，噪声会提高压力水平，而压力水平反过来又会提高噪声水平（见图 2.6）。持续的噪声会使人感到疲倦和烦躁（Pimento & Kernested，2004，p.68）。

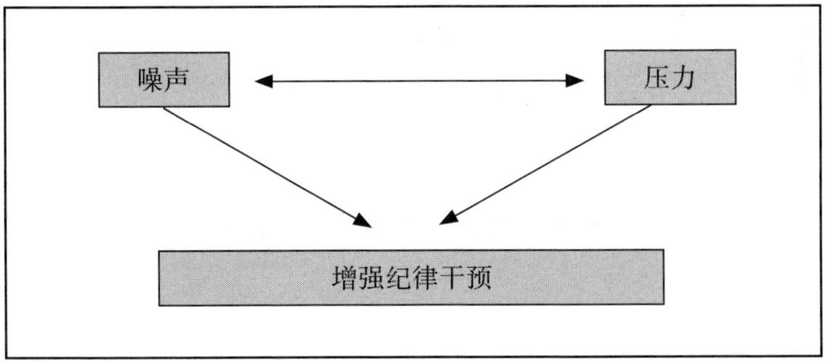

图 2.6　幼儿教育机构中的噪声影响

九、减少等待时间

幼儿讨厌等待，尤其是安静地等待。此外，许多幼儿在家里没有过等待的经验，因为他们的看护人通常会迅速地响应他们的需求。我们都知道，无所事事的等待会让幼儿感到无聊、烦躁和沮丧，他们经常通过同伴来刺激和分散注意力，保持忙碌。因此，教师必须尽可能地消除等待。如果一名教师正在完成某项任务，而幼儿正在无所事事地等待，那么这名教师需要抽出时间进行干预，以消除幼儿的吵闹和不耐烦。由于幼儿的时间意识与成人不同，因此，5 分钟的等待时间在幼儿看来似乎是无穷无尽的。

教室的盥洗室和洗手池，是幼儿等待的高发区。减少集体行动可以最大限度地减少幼儿等待盥洗的时间。5 岁的幼儿已经有了足够的自主性，教师可以鼓励他们自己去上厕所（即使盥洗室位于房间外面）。另一种解决方案是：一名教师先带一组幼儿去盥洗室，另一名教师则负责监护教室里的其他幼儿。即使在户外游戏结束后回室内时，教师也最好将幼儿分成小组带回教室。

十、尽量减少集体行动

一个普适性的规则是：要避免让幼儿同时执行完所有任务，因为这样容易产生喧闹、压力和噪声。举个例子，把 10 个需要在同一个洗手池里洗手的孩子排成一队，最后这个队伍肯定会变得争吵不休、无法安宁。幼儿与成人一样，需要一点个人空间才能发挥出积极的社交技能。

十一、鼓励幼儿积极参与

只要情况允许，就可以给幼儿分派任务，这也可以增加教师所能给予的个别关注。此外，每当幼儿被允许分担适合其能力的任务时，他们就能增强自己的胜任感和自尊心，这些品质对于幼儿的全面发展至关重要。此类任务包括午餐后帮助教师扫地、收拾午餐物品等（Hendrick，1988）。自尊不是建立在教师对幼儿的赞美之上，而是建立在幼儿获得的能力之上。实际上，相比他人所给予的外部认可，能够完成某项任务会带来更高层次的满足感。共同完成任务能让幼儿产生一种分享感和互助精神，同时让他们对环境有一定的控制权。

制定任务清单（见表 2.3）是介绍集体生活中固有的小杂务的好方法。将幼儿与任务配对，既可以在自愿的基础上完成，也可以通过创设一个家务清单板来完成，还可以随机决定。

表 2.3　3 岁幼儿的任务清单示例

我的任务			
帮助教师 （贴图片或照片） 幼儿的名字	指导练习 （贴图片或照片） 幼儿的名字	扫地 （贴图片或照片） 幼儿的名字	擦桌子 （贴图片或照片） 幼儿的名字
开门 （贴图片或照片） 幼儿的名字	关灯 （贴图片或照片） 幼儿的名字	分发餐盘 （贴图片或照片） 幼儿的名字	分发餐具 （贴图片或照片） 幼儿的名字

十二、提供选择

民主教育法提倡给予孩子们选择的权利，目的是让孩子们从几项任务中选择某个任务或其中的部分任务。一张家务墙报、一个新的建议或者一份备选方案清单，都可以帮助儿童进行日常生活活动和过渡环节活动。例如，教师可以问："你想要什么任务，安安？""该洗手了，迪迪。你想去盥洗室吗？""杰杰来穿衣服了，你想先穿哪件衣服？"

当幼儿确信他们在这类活动中拥有一席之地和发言权时，他们就会变得更加配合。一个 2 岁的孩子可能很难服从既定的规则和忍受约束，一种有效的方法就是给他选择的机会（即使是最小的选择），例如："你想自己坐下，还是需要帮忙？""你想先喝牛奶再吃点心，还是先吃点心？"对于年龄较大的孩子，教师可能会提出旨在解决问题的开放性提问："要跟其他人一起去户外，你觉得你需要做什么？"

注意不要给幼儿提供任何虚假的选择。"请你穿好衣服，好吗？"是无效的，因为幼儿实际上并没有不穿衣服的选择。为避免指令模糊，请用坚定而平静的语调提出明确的请求，例如："该穿衣服了。""你现在必须穿好衣服。"

十三、确保一致性

为了确保日常活动的顺利过渡，每天从上一个活动进入下一个活动的前后顺序必须保持一致，并且关注到日常生活中的各个阶段。这样，孩子们就知道接下来会发生什么，他们会感到安全，会更加配合，会准备好完成指定给他们的任务，也会学得更好。对于幼儿来说尤其如此，他们迫切需要稳定，并能够预测接下来会发生什么。另一方面，根据具体情况，年龄较大的幼儿也许可以被给予更大的自主性。对幼儿的观察会让教师更加清楚该教哪些内容。

十四、建立游戏库

所有教师都有他们依赖的游戏活动储备库（游戏库）。然而，教师对于可以在日常生活和过渡环节中进行的游戏活动可能并不熟悉，我们倾向于采用的活动有时是已经过时的或并不足以吸引幼儿的注意力。有些小窍门可以把一个简单的想法变成一项有趣的活动，甚至可以为个人清洁卫生这样的“琐事”增添乐趣（此类技巧你永远不会嫌多）。与幼儿一起工作并没有什么神奇的公式，但是通过某些游戏，教师可以将日常生活和过渡环节转变为愉快且有教育价值的时刻。本书的其余部分列出了一些能够更新或变革现有策略的建议。

通过年复一年的积累，教师可以开发出适合任何情况的大型游戏库，并从中获益。一个教育工具箱或几个装满各种物品和配件的主题盒便可以用来发起游戏，并以此点亮日常生活和过渡环节。将游戏创意和游戏妙招存放在文件柜或活页夹中，以便在需要时随时取用。记录幼儿的喜好和动机有助于我们根据具体情况来调整这些游戏。代课教师也会从此类参考资料中受益。

十五、计划结束活动

在安排活动时，教师最好留出 5~10 分钟的缓冲时间，并宣布活动的结束以及接下来会发生什么。“现在是整理时间，这样我们就来得及在午饭前去外面玩一会儿。”一个活动的结束可以通过某段声音提示来宣布，如使用一首歌曲、一阵铃铛声、一个小音乐盒或带有悦耳的铃声的计时器。它也可以通过视觉线索来宣布，如在房间里摇晃小旗；也可以利用情境顺势介绍一下过渡环节：“昨天我们看到的燕子还在外面的树上吗？我们去看看吧。然而，在出去之前，我们需要穿好衣服。”或者通过一个提问让孩子们意识到即将发生的事情：“锻炼身体后，接下来我们通常要去做什么呢？”提醒懂得看时间的孩子们看钟表，这也有助于他们获得一些主动权。

一张带有图片或简笔画的、标明了不同时段安排的墙报，能够帮助孩子们预测接下来的活动。“看看墙报，小德。看看你画完画后，必须要做什么事（整理材料，然后选择另一个活动）。”

十六、结合环境和儿童的具体水平

在儿童发展的范围内，成人对儿童的期望应现实、合理，符合儿童的发展水平，这一点很重要。对儿童的期望还必须结合他们之前的经历，并根据他们的身心状况以及生活环境进行调整。教育工作者有责任了解儿童的心智发展水平、记忆、关注点和个性。在向儿童介绍新行为或新技能时，这样的前期了解就特别有用。例如，刚进入某个集体的儿童可能难以适应午睡，他们需要别人的帮助才能逐渐养成这一新的习惯。与此同时，对刚满 3 岁的幼儿与刚满 4 岁的幼儿的期望也不一样。例如，在穿衣时，年龄较大的儿童更少需要重复性的口头指示，并且他们穿衣服的速度会更快。另外，请记住，像假期或长周末等特殊事件肯定会给儿童带来压力。在此期间，教师必须对破坏性行为表现出更大的容忍度。

图 2.7

幼儿教师还必须处理许多外部因素。这些因素可能包括双语或多语环境、托幼机构的规模（大或小）、同质（如，仅幼儿园）或异质群体、有特殊需要的幼儿（患有唐氏综合征、血友病、糖尿病、多动症等疾病的幼儿，如图 2.7），以及董事会和政府的要求。显然，教师需要不断地适应环境并从中变得足智多谋。

十七、分析成功之处与困难之处

当问题出现时，教师必须不断地思考和分析应采取的行动。当一切似乎都不奏效的时候，正是教师停下来思索问题的时刻。有时，解决方案很简单：提前 15 分钟开始吃午餐，让孩子们在午睡后分批起床等。学前儿童有时可能还会找到自己的解决方法。为什么不问问他们呢？他们常常有很好的想法，并且会为自己参与解决问题的过程而感到高兴。

如厕活动是一个很容易产生问题的活动。我们将在这里对其进行分析，并根据这些分析提出解决方案。表 2.4 中的案例探讨的是儿童保育中心里的一大群 4 岁和 5 岁的幼儿。

在案例分析中需要考虑以下几个因素。

- 何时实施新策略（在引入新流程时，避免选择周末或节假日的前一天）。
- 你的个人状态（当你累了的时候，最好继续沿用旧有的一日安排）。
- 幼儿的情绪（如看到初雪时的高度兴奋）。
- 幼儿以前用这种方法解决问题的体验（例如，由于幼儿喜欢唱歌，所以将唱歌结合到解决方案中通常会获得成功）。
- 活动的节奏（太慢或太快）。
- 难度水平（太容易或太难的解决方案都可能会让孩子们感到气馁）。

表 2.4　对 4—5 岁幼儿的问题情境进行分析

情境	观察到的行为	拟采用的策略	结果
在户外游戏结束后，吃午餐之前，两组幼儿（共 19 名）聚集在一起返回室内。他们需要上厕所和洗手。他们排成一队在等待。	孩子们开始互相推搡。有些幼儿表现出不耐烦的迹象（在这个时候很正常，因为他们饿了）；有些幼儿在逗和抓别的同伴。一个简单的笑话变成了嘲讽，一名幼儿开始哭泣。教师提高声音让幼儿冷静下来。	让幼儿分批进入教学楼。一名教师巡视换衣区和盥洗室，而另一名教师则监护留在外面的幼儿。陆陆续续上完厕所的幼儿每人去选一本书，在桌边坐下。	拥挤在换衣区的幼儿少了，推搡也少了。被动等待的次数减少也使得混乱发生的概率变小。由于需要监督的幼儿少了，教师能够给予更多的个别关注和更少的纪律处罚。气氛也更加轻松。

- 幼儿对主题的兴趣（例如，恐龙或丛林动物总是会引起 4 岁幼儿的兴趣，它们也许可以成为方案的一部分）。
- 幼儿的习惯（例如，当第一次要求幼儿从一个区域移动到另一个区域时，使用角色扮演法）。

尤为重要的是，要重新审视任何幼儿教育机构中的既定方法、程序和方式。习惯可能是某些做法仍在施行的唯一原因，而这些做法可能已经不再奏效了。但是，任何类型的修改都可能是相当费力的。和其他人一样，教育工作者也喜欢保持他们的老习惯，并且很容易编造拒绝改变的理由：对未知的恐惧、缺乏动力和知识、团队内部缺乏团结、没有时间讨论问题等。人们总是有成百上千条理由来破坏变革的主动性。以下是此类借口的示例。

- “这是不可能的！”
- “这行不通，我对此深信不疑！”
- “我们以前从来没有这样做过！”
- “我没时间做这个！”
- “太复杂了！”
- “我们明年再做！”

- “为什么要这么麻烦？没有人会喜欢的！”
- “眼见为实。”

十八、给出明确的语言指示

如前所述，成人经常问儿童是否愿意做某事，而实际上他们别无选择。“你想把玩具收起来吗？”“你能冷静点吗？”这些都是错误的提问。我们并不是真的想给孩子们选择的机会，只是不想让他们拒绝我们的要求。不要犹豫，礼貌地使用祈使句来提出明确的要求：“艾比，请把卡车收起来。”“我希望你冷静下来。”当要求儿童做某事时，平静而有说服力的语气是最有效的。

正面表达请求的方式能够强调预期行为，还能够将消极的影响最小化。要让孩子们理解你，最好的方法是告诉他们必须做什么，而不是告诉他们不能做什么。要说清楚某个请求，请不要说“不要这么做！”，而要说：“把食物留在你的盘子里，或者放进你的嘴巴里！”

确保幼儿遵守指令的另一种方法是使用符合幼儿认知水平的、简单明了的语言。如果你对一个 2 岁的儿童说“请降低你的音量”或“你的声音太大了”，她无法明白这其实是要求她轻声说话。另外，在要求她轻声说话的时候，同时给她一个良好的范例会更有效。要求学前儿童“表现得像个大人”，这对成人来说可能是很清楚的要求，但对儿童来说是模棱两可的表达。“表现得像个大人”到底是什么意思？安静地玩？保管好游戏材料？待在院子里？最好用幼儿熟悉的措辞来清晰地表达要求：用积极的、具体的语言，用平静的声音。“我要你拿一个你喜欢的玩具，待在院子里玩。”“用两只手握住玻璃杯。”选择没有歧义的词语是一门艺术。例如，对于一个 18 个月大的儿童来说，比起“我已经反复告诉过你要坐好，我讨厌重复做同样的事”，“小屁股坐好”更容易让他明白坐下这个要求。即使对年龄较大的幼儿来说，“好吧，要好好清理一下了”这句话也不能清楚地传达出幼儿必须开始收拾玩具的信息。请记住：明确的要求对于获得幼儿的配合至关重要。

另一种技巧是请一名自愿帮忙的幼儿将信息传递给其他同伴。幼儿有时会有一种更好的方式将信息传达给他们的同伴。集体生活经验会使孩子们互相提醒应该遵守的规则。我曾无意中听到一个幼儿对其他幼儿说："小孩子是不许爬椅子的，有危险。"

无论如何，再也不要说侮辱性的话了，诸如："别再跟我说这个了……住手，别打了！"或者"我讨厌你的抱怨！"以明确和尊重的方式告诉孩子们我们对他们的期望，这样才更积极。

十九、调整语调

不同的语调会让孩子们感到惊喜并吸引他们的注意。成人可以像小老鼠或机器人那样说话，或者模仿电视节目中听到的声音。这种技巧的优点是它随时都可以使用。孩子们喜欢听大人变换自己的声音。他们将其视为音乐，是一种令人愉快的游戏。

冷静的态度和坚定而有说服力的语气为其提出的要求增色很多。显然，对幼儿大喊大叫是一种错误的要求幼儿控制自己的方式！一个友好的眼神、轻轻拍一下肩膀或委婉但令人信服的态度都能传达这样的信息：必须遵守规则。当然，要确保这些规则是合理的。

二十、采取直接行动

在宣布一项新活动或提出一项新要求时，与其喋喋不休地说话，不如迅速地行动起来。一个例子或一个具体的演示比一堆冗长的解释更容易让幼儿理解。对幼儿而言，模仿成人比试图听从指示更容易。一个形象胜过千言万语，行动亦是如此。所以，少说话，多行动！

二十一、靠近幼儿

噪声通常被认为是幼儿教育机构中的压力因素。例如，在进餐或收拾东西的时候，教室里的分贝经常会飙升，此时你在教室的另一边叫喊“坐下，马克”或“谁需要把午餐热一下？”是徒劳的。当你要跟孩子们说话的时候，就要走近他们，让他们都在场，这样你就可以最大限度地减少不可避免的噪声。与其他影响因素不同，教师的声音高低是很容易改变的。一般来说，当你和孩子们说话时，不要提高你的声音或者在远处冲他们喊话。当孩子们互相交谈时，你应该鼓励他们遵守这条规则。

二十二、运用想象力

一个成功的幼儿教育机构里总是充满了笑声。用一点想象来打破单调乏味的日常生活活动是很好的做法。由于幼儿天性喜欢游戏，因此，教师引入一些有趣的日常生活活动和过渡环节游戏并不难。在点心时间玩“点心店”的游戏可以帮助幼儿遵守用餐礼仪（说“请”和“谢谢”，安静地用餐，在自己的位置上就坐等）。这比冷冰冰地提醒幼儿要守规矩却不提供其他动力要有趣得多。使用想象来帮助幼儿玩得开心是一门必须学习的艺术。你可以使用不同的口音（意大利语、法语、机器人声音、鼻音等），你可以创造一个偶尔出现的角色，你也可以拿出一个木偶、一个用来盛食物的专用托盘或一条特殊的围裙。所有这些技巧都值得努力掌握。

我们已经提到过：孩子们喜欢参与活动的选择过程。从这个意义上说，你可以邀请他们从已知的主题中选择某个想象的内容（有时需要一点帮助来提醒他们假想的可能性）。“今天吃点心的时候我们要怎么做呢？就像前几天那样假装我们在一家餐厅好吗？”“你还记得我们刷牙时对木偶做了什么吗？”想象和虚构能更好地传递信息。“当我们走到换衣区穿外套时，我只想听到一些安静的脚步声。把魔法手指放在你的嘴巴上，沿着走廊走出去。”“我们要像侦探一样走路，去发现一些线索。”

在要求中加入想象的例子还包括：“我现在要戴上我的仿生眼镜，来看看谁在用完厕所后冲马桶。”“谁能够将他们的卡车停到车库里？”“我要把所有洗手专家都请到水池边去！”

当孩子们沉浸在想象或虚构的情境中时，即使是最简单的任务也会让他们感到愉快。

二十三、千万不要追求完美

认为我们可以控制所有幼儿行为的想法是不现实的，无论我们多么努力都不能做到这一点。作为教育工作者，我们要反问自己：我们的要求是真的对幼儿的发展有用，还是它们只是一种个人控制欲的表现？例如，在经过走廊时强制幼儿保持完全的沉默可能不是最好的策略。实施一些激励幼儿保持安静的手段，比强迫他们表现得绝对完美要现实得多。

二十四、吸引幼儿的注意力

在你告诉幼儿某个信息之前，请确保自己引起了幼儿足够的注意力。你可以这样说，“我想让小眼睛全都看这里”，或者用一种神秘的声音说：“我有重要的事情要告诉大家。看这里！”用悦耳的声音叫某个幼儿的名字，也能引起他的注意：“在我们开始活动之前，我需要阿里小朋友把小耳朵竖起来。”有关大脑的最新研究表明，信息加工所调动的大脑部位越多，大脑中就会留下越多的印记。不同的图像、语调和面部表情会刺激大脑的不同区域，并为口头要求提供额外的锚点。

要提醒幼儿在听你说话的同时也要看着你："我需要所有人的眼睛看向我。"如果视觉与信息相关联，那么孩子们就会听得更好。你一旦吸引了他们的视觉注意力，就要迅速向他们传达有趣的信息。

当你想让幼儿倾听某个指示时，为什么不偶尔用小丑鼻子、魔杖、一副小铃铛或一顶奇怪的帽子吸引他们来听呢？请记住，和孩子们说话并看着他们，再加上轻轻拍他们的肩膀，你会更好地吸引幼儿的注意力。

二十五、使用正强化

有哪个幼儿不喜欢自己的积极行为被注意到呢？然而，当我们在用"好极了！""真好！""太好了！""太棒了！"夸赞幼儿的时候，要与所肯定的行为相符，而不要不假思索地进行机械评论。一个微笑或把一只手放在幼儿的肩膀上都是一种合适的鼓励，可以帮助幼儿增强自尊心并激励其继续努力。一个简单的手势也可以是一种无言的表达："你已经完成了所有任务，我们都看到你为此付出了很多努力。"

正强化是一种自然现象，儿童的行为也是其中一部分（Bredekamp & Copple, 1997）。向幼儿表达我们对他们的某种行为的欣赏是实施正强化的有效方式。"我很高兴看到你和其他人一起收拾东西。""吃点心的时候我喜欢大家轻声说话。"此外，当幼儿听到自己的名字被提到时，他们会留下深刻的印象，这本身就是一种积极的强化。"马修，我看得出来你知道如何归放卡车。""哇！凯伦，你听到我的要求了。"与针对整个集体进行点评相比，直接针对每个幼儿的行为进行点评会让他们感到更有参与感。

对幼儿表达感谢是一种正强化，也是一个拥有善意的成人的特征（Miller, 1990）。例如："谢谢你把画笔洗干净。它们看起来像新的一样！"相反，负面的评价会麻痹幼儿的积极性，例如："你还没有把玩具收好。如果你什么都不做，我怎么能把你当大孩子看呢？"应避免责骂幼儿，也不要因为自己的心情来惩罚幼儿。应努力遵循公正的原则。

> 应避免因为幼儿的不当行为而照本宣科地将幼儿“隔离”起来。让幼儿反思自己的行为，并不总是一种能够诱发更合适的行为的现实而有效的方法。相反，应通过考虑幼儿的年龄和具体事件，仔细评估采取隔离措施的必要性。

大多数教师热衷于以人道的方式实施指导。他们小心翼翼地用友善的话语、微笑与注视激励幼儿。此外，大多数教育工作者都会以前后呼应、连贯一致的方式做事并使用他们的指导技巧。例如，如果只允许孩子们在餐桌上吃喝，那么教师应该避免在教室里边走动边喝咖啡。如果教育工作者必须站在椅子上才能够把画贴到理想的高度，那么她就应该向孩子们解释，为什么在这种特殊的情况下，她会违反不要爬椅子的规则。

在某些情况下，通过语言强化来获得某项特权是很有价值的。这种特权可以包括：第一次使用电脑、带领小组玩游戏或者允许将一段视频带回家。然而，在使用这种技巧时要小心，不鼓励幼儿滥用这些技巧。因为赢得贴纸、张贴幼儿的姓名等正强化系统的作用是有限的，并且只能提供暂时的解决方法。在民主教育法的背景下，只使用这一种技术绝对不够。这种类型的干预必须整合到一个整体的指导计划中，让这样的计划包含体现民主教育法的各种教学策略。

二十六、转移幼儿的注意力

转移注意力可以帮助一些幼儿停止他们的破坏性行为，并冷静下来。“安特万，过来帮我把小床拿出来。”在幼儿可能倾向于固执、犹豫迟疑或不愿遵守要求的情况下，为其提供一些替代性解决方案也是有用的。“你想让我把你的小床拿出来，还是你自己搬？”在任何情况下，忽略某个幼儿制造的麻烦，把注意力集中在他与手头任务相关的努力上，这样反而更好。不要试图对他进行说服或者说教，提出问题通常更有效。“你现在需要做什么？”给幼儿一些时间来做出反应，并让他对下一个活动产生兴趣："当你完成了这个任务之后，我需要你用灵活的手指把蜡笔放回盒子。"

二十七、引导幼儿独立思考

发布命令总是很诱人，因为许多情况都适合这样做。"安静！""坐下，待在那里。""回到你的位置上！""停下别跑了。""现在去洗手。"这样的命令似乎有立竿见影的效果。然而，这种方式压制幼儿的独立思考。只有引导幼儿思考，才会促进幼儿的发展。询问幼儿一些开放性的问题可以帮助他们记住常见的规则。"上完厕所后需要做什么呢？""看看黑板，想想你现在可以做什么。你可以这样去做吗？"民主教育法旨在帮助幼儿发展他们的思维能力。"查查墙上贴的海报。""仔细听。""仔细想一想。""如果你现在戴上了手套，那你要如何拉上外套的拉链呢？"

总之，如果教师花时间使用指导技巧来促进孩子们的全面发展，孩子们将会更愿意合作。

二十八、坚持不懈和积极乐观

在面对一个固执的幼儿时，有哪个教师不会想要放弃自己的目标呢？当一个 2 岁的幼儿抗拒日常生活活动或过渡环节活动中的改变，或对这些变化无动于衷时，你可能会有些难以接受。在这种情况下，你需要持之以恒，这样幼儿才能掌握变化，从未知走向已知。如果幼儿习惯了一窝蜂似的拥向洗手池，他们也许会发现很难有序地洗手。记住，即使一个新想法没有成功，也不要马上放弃它。如果幼儿拥有足够的时间，那么他们将克服自身的阻力并学习新的生活常规。你的乐观和坚持一定能够鼓励幼儿参与活动。

二十九、表现出灵活性

当幼儿不想参与到游戏中时，你可以允许他在一边旁观游戏，这对于他的学习而言，可能与实际参与游戏一样有益。例如，观察其他同伴唱歌可以帮助幼儿记住歌词。在民主教育法的框架下，保持灵活性很重要。

三十、确保教育工作者的幸福

尽管儿童应是幼儿教育机构的主要关注点，但教师的健康和安全也应成为优先事项。由于教师会花费很长时间开展日常生活活动和过渡环节活动，因此，他们有权享用适当的物理环境和设施。他们必须有良好的工作条件，包括：成人椅子、地板上符合人体工程学的座椅、用于移动材料的手推车、可以轻松给房间通风的窗户、充分和有规律的休息时间、为员工预留的设施齐全的休息室、管理人员提供的充分的教学支持、免费的培训研讨会、有偿的备课时间 / 计划时间以及用于员工会议或家长（监护人）会的有偿会议时间，以便他们能够成功、高效地完成任务。不要忘记,成人尺寸的家具对儿童来说必须是安全的（Pimento & Kernested，2004）。

教师需要评估他们做事的方式，尽量避免有害的姿势和动作、对父母 / 监护人的消极态度、导致职业倦怠的工作习惯、退出工作团队等，因为这些都会直接影响他们的健康。

当教师在他们的工作环境中受到赏识时，他们更倾向于尽其所能地完成自己的专业职责。他们越有动力，就越想为幼儿的发展做出贡献。然而，不要忘记,教师自身就是最能认可、赞美和改进他们职业的人。他们通过接受优质教育、定期展示自己的工作、参与改善他们的工作条件、自我评估以及管理自身，为自己的职业幸福做出贡献。促进教师的专业化还意味着采用并遵循与之相一致的政策和道德准则。

第三章　清洁卫生

本章内容

一、洗手

（一）材料和设施

（二）何时洗手

（三）洗手的方法

（四）树立好榜样

（五）教幼儿洗手

（六）游戏

（七）歌曲

二、刷牙

（一）何时刷牙

（二）材料和设施

（三）刷牙技巧

（四）游戏和妙招

三、如厕

（一）使用厕所

（二）换尿布

（三）个人卫生和公共卫生

（四）在合适的时机说合适的话

四、擤鼻涕

（一）何时擤鼻涕

（二）材料和设施

（三）擤鼻涕的方法

个人卫生对儿童的身体健康有着重要的作用。儿童的免疫系统尚未成熟，开展个人卫生活动有助于增强儿童的免疫力。本章涵盖了儿童洗手、刷牙、如厕和擤鼻涕等基础的个人卫生活动，并阐述了为什么培养卫生习惯对于预防诸如胃肠炎、感冒和结膜炎等传染病至关重要。

一、洗手

洗手是预防细菌、病毒和寄生虫感染的最佳方法。这些微生物可以通过人和物体直接或间接地传播。流行病学研究表明，手是感染的主要传播源（Pimento & Kernested，2004）。我们需要认真对待洗手这一活动，因为它可以将传染风险降低 50% 以上。此外，洗手也是减少由污染引起的疾病以促进儿童健康的良好方法。

正确地洗手是儿童所需的一种健康的习惯（Pimento & Kernested，2004）。由于幼儿的免疫系统还不成熟，因此，教师必须重视幼儿的洗手问题。

> 教师在预防疾病和保持儿童健康方面发挥着重要作用。儿童需要在成人的帮助下养成良好的个人卫生习惯，特别是，他们需要学习何时洗手以及如何洗手。

（一）材料和设施

洗手池应与幼儿的身高一致，并且应该靠近幼儿的用餐区。另一个选择是按照常规高度来安装洗手池，为幼儿设置可移动的防滑台阶，这种选择可以保护教师的脊椎。此外，洗手、处理食物和如厕用的洗手池需要分开设置（这点可以参考当地的健康规范）。感应或单柄水龙头更便于幼儿使用。

装在皂液分配器里的洗手液比香皂块使用起来更方便，也更卫生。香皂块可能会传播微生物，因为人们会用脏手触摸香皂。应尽量避免使用杀菌皂，因为它具有刺激性，还会增强细菌的抗药性。杀菌皂可以在流行病（感冒、肠胃炎、水痘）来袭期间使用。皂液分配器应配备一次性内包装，或者在重新填充皂液之前彻底清洗容器。可以用一次性纸巾擦干手，以避免污染。共用毛巾可能会增加细菌传播的风险。但是，请不要让幼儿过度使用纸巾，这样可以减少浪费和污染。不推荐使用电动烘手器，因为它们容易损坏，并且需要很长的时间才能把手烘干。只有在没有洗手池的特殊情况下，才可使用无须冲洗或擦拭的洗手液或湿巾，因为这些产品比洗手液贵得多。

必须在每个洗手池旁边放置一个衬有垃圾袋的垃圾桶，用来存放用过的纸巾，并且要提醒幼儿不要把用过的纸巾扔进马桶里。在理想情况下，教师应使用脚踏式的翻盖垃圾桶，以避免手与垃圾桶盖接触（因为垃圾桶盖会被食物、脏尿布和脏纸巾等废物污染）。室内和户外的所有垃圾桶都必须定期消毒（根据当地的规定，了解消毒频率）。消毒剂需要按照规定的比例勾兑。

对无法使用洗手池的年龄较小的儿童，教师可以用以下方法：将少量洗手液涂在湿毛巾的一个角上，给儿童洗手，然后用湿毛巾的另一侧擦洗双手。但是请记住，洗手池是可以将手彻底洗干净的最佳地方。其他方法只应在紧急情况下使用，如使用湿纸巾或湿毛巾、一次性湿巾和消毒洗手液。

（二）何时洗手

只强调用温水和香皂洗手还不够，幼儿必须在正确的时间洗手，以最大限度地保障洗手的质量。教育工作者和儿童都应遵守这些规则，参见专栏 3.1。

专栏 3.1　何时洗手

［来自全美幼教协会（NAEYC）的卫生认证准则］

幼儿教育机构应遵守以下有关洗手的做法。

- 学习正确的洗手步骤，包括全体工作人员和有能力讲究个人卫生的幼儿都要学习，并定期进行监测。
- 所有工作人员、志愿者和幼儿都要洗手，这样可以降低传播传染病的风险。
- 幼儿可以自己洗手，也可以在工作人员的帮助下洗手。

儿童和成人洗手的时间：

- 当天来园时；
- 换尿布或上厕所后（婴儿可以使用湿纸巾）；

- 处理体液后（例如，擤鼻涕或擦鼻子后，咳嗽时用手捂嘴后，以及接触任何黏液、血液或呕吐物后）；
- 饭前和点心前、准备或分发食物前，处理任何需要烹饪的生食（如肉、蛋、家禽）后；
- 在两人或多人一起玩水后；
- 在照料宠物和其他动物后，或处理任何可能因接触动物而受到污染的材料（如沙子、泥土或物体表面）后；
- 当从一个集体进入另一个集体（如参观）时，包括与婴儿和学步儿/2岁幼儿的接触。

在这些情况发生时，成人也要洗手：

- 给幼儿喂食前后；
- 给幼儿喂药前后；
- 帮助幼儿如厕后；
- 处理完垃圾或打扫卫生后。

成人和儿童都应遵循的正确的洗手步骤包括：

- 使用洗手液和自来水；
- 用力揉搓双手至少10秒，包括手背、手腕、手指之间、任何首饰的周围以及指甲缝；
- 冲洗干净；
- 用纸巾、一次性毛巾或烘干机，让手变干；
- 避免用刚洗过的手触碰水龙头（可以用纸巾垫着关掉水龙头）。

在处理血液或可能含有血液的体液时需要戴手套，除此之外，戴手套也是上面列出的任何必须洗手的情况下的补充，但不能代替洗手。

◆ 当有可能发生血液污染时，工作人员必须戴上手套。

◆ 工作人员不得用洗手池为婴幼儿洗澡或清除粪便污迹。

◆ 在水槽既用于准备食物也有其他用途的情况下，工作人员在使用水槽准备食物之前应对水槽进行清洁和消毒。

【注意】不建议早教机构和幼儿使用含酒精的免洗洗手液来代替洗手。如果将这些产品用作临时清洁，使用者必须使用足够的量，并保持双手湿润 15 秒。由于含酒精成分的免洗洗手液可能有毒且易燃，因此教育工作者必须按照制造商的要求对其进行储存和使用。

（三）洗手的方法

洗手不仅仅是用水和香皂。专栏 3.2 描述了正确的洗手方法。

专栏 3.2　正确的洗手方法

◆ 取下戒指、手表、手镯等首饰。

◆ 卷起袖子露出前臂。

◆ 打开水龙头并将水调整为温水（避免烫伤）。

◆ 为节约用水，请勿将水龙头完全打开。

◆ 用流水淋湿手。在使用香皂之前先弄湿双手以缓解皮肤干燥。

◆ 从皂液分配器中挤出一点洗手液。

◆ 揉搓双手约 15 秒（如果手明显很脏，则需要揉搓 30~50 秒）。请记住揉搓范围应包括手掌、手背、指尖、指缝和手腕。

◆ 用流水将手冲洗干净。

◆ 用一次性纸巾擦干双手，不要用力揉搓，避免擦伤。

◆ 用用过的纸巾关闭水龙头。

◆ 将纸巾扔进垃圾桶，注意不要用手碰垃圾桶盖。

花点时间洗手是值得的，因为可以最大限度地减少患病的风险。同时，父母要定期给儿童剪指甲，因为长指甲容易藏纳细菌。成人也要记住经常剪短自己的指甲！

（四）树立好榜样

在如厕后、接触食物前后、帮助幼儿擤鼻涕后、换尿布后、接触脏物或接触某种清洁剂后，教师都可以当着幼儿的面洗手，这可以为幼儿树立一个好的榜样。幼儿通过观察成人来学习，尤其是重要的成人。当某件事情持续地出现在成人的行为中时，幼儿就更容易接受做这件事情的必要性。你要跟孩子们强调你也要洗手，洗手对成人和幼儿来说是一个好习惯。“看，我吃饭前也会洗手，因为这样做才健康。”

（五）教幼儿洗手

正确地洗手可以促进幼儿精细动作技能、手部协调能力、身体意象和记忆力的发展，还可以引导幼儿关注自己的健康。在 15 个月到 18 个月的时候，学步儿通常就已经开始学习在洗手池里洗手了（见图 3.1）。然而，直到 4 岁，幼儿才能够有效地洗手。在此之前，成人需要对幼儿进行定期提醒和密切督促，向幼儿示范如何将双手涂满泡沫等。

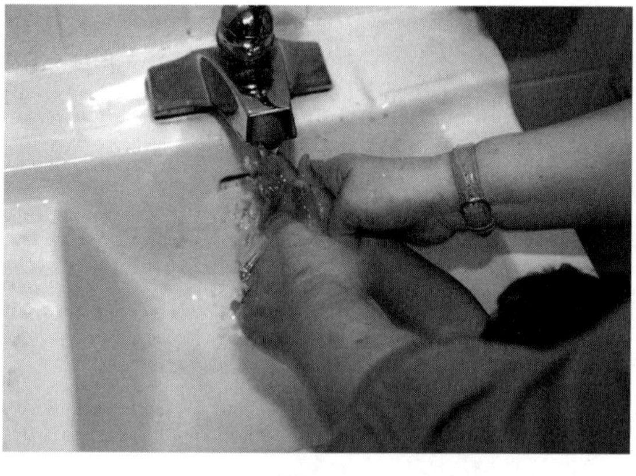

图 3.1

告知幼儿洗手的原因很重要（例如，它可以减少集体中的感冒和腹泻）。最简单的解释就是最好的解释：“当你洗手时，你就可以洗掉那些会让人生病的细菌。”有些幼儿甚至喜欢花时间玩香皂、玩水。当有需要时，教师可以转移幼儿的注意力。例如，你可以让幼儿做一些小任务（如分发纸巾、关水龙头、检查其他同伴的手香不香、思考下一个活动等）。

设置得当的墙饰或者定期播放有关洗手的视频也可以强化洗手的重要性。你还可以引入一些创意来鼓励幼儿照顾自己。成人可以进行这样一个实验：将极少量的凡士林放在每个幼儿的手掌中，请他们搓搓手。然后让他们直接用冷水洗手，不要用香皂，引导幼儿发现水会从手上滑落，而“细菌”不会消失；让幼儿用温水再次洗手，发现这次只洗掉了一点凡士林；再让幼儿用正确的方法（见图 3.2）洗手——用温水、香皂，产生大量泡沫，然后彻底冲洗，这次“细菌”都消失了。这个实验可以得出结论：“正确的洗手需要用温水和香皂共同来完成。”通过这个活动，教师可以鼓励幼儿用温水和香皂洗手，并展示肉眼看不见的细菌的存在。

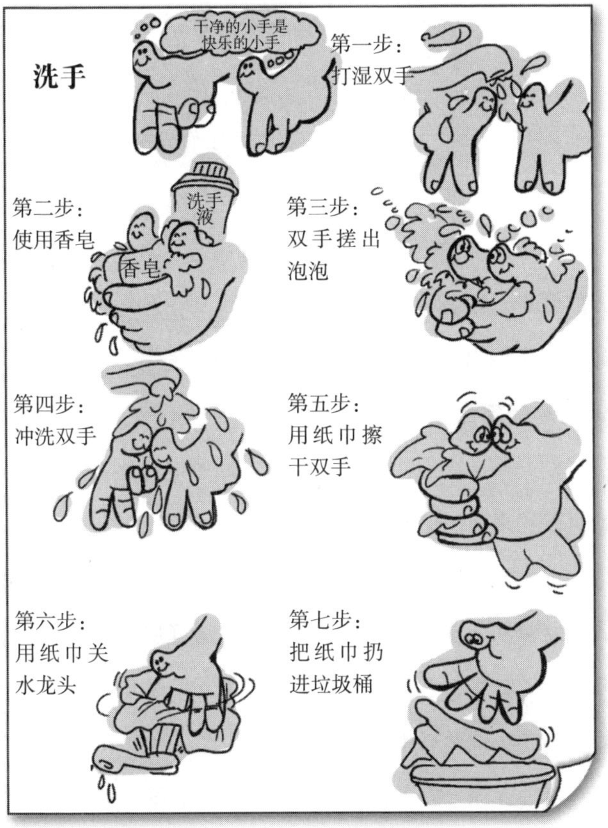

图 3.2

（六）游戏

在儿童保育机构中，每个幼儿每天大约要洗 10 次手，每个幼儿一年总共要洗手 2000 次！为了打破这项活动的单调性，教育工作者可以组织游戏，让这项日常生活活动变得更具多样性。

> 魔杖轻轻一挥，伴随着幽默、自发、愉悦，让洗手的单调消失不见。

有了良好的规划、积极的态度、一些简单的想法和一点乐趣，洗手会变得非常有趣。游戏让幼儿将快乐与日常行为联系起来，并最大限度地减少了教师的消极干预。专栏 3.3 介绍了关于洗手的一些建议。

专栏 3.3　鼓励儿童洗手的建议

- 对于蹒跚学步的儿童来说，教师可以在他们洗手的时候谈论他们正在做的事情，诸如说“水是温的哦”或“感觉毛巾很柔软、潮湿”这样的评论（Pimento & Kernested，2004）。
- 用一种跟平时不一样的方式走向洗手池，如像老鼠一样小步走，用脚跟走路，踮着脚尖走路等。可以借助当前的活动主题和幼儿的兴趣来获得灵感。
- 带着额外的挑战任务去洗手池，如双手抱头走，沿着一条想象的线走，沿着用胶带贴出的线走，或者绕着椅子走。
- 从盒子或帽子里抽出下一个幼儿的名字让他来洗手，或根据幼儿的某个特征叫他：“我来请那个穿着带图案的蓝毛衣的孩子。”
- 时不时引导幼儿聊一聊卫生，让他们树立照顾好身体的想法，如关于这种主题的绘本就可以用来引出这样的讨论。
- 组织一个去洗手池的接力游戏，让幼儿接力交换某个物品或口令。
- 使用玩偶来监督幼儿洗手，并提醒幼儿注意遵守规则。
- 如果幼儿不过敏，那么教师可以尝试放置水果味的洗手液。幼儿特别喜欢青苹果、草莓、柑橘或葡萄等果味。
- 让幼儿在洗手后涂抹一些低过敏性的护手霜。皮肤过敏严重的幼儿可以使用家长提供的乳液。

◆ 给幼儿提供若干个“干净小手盒子”。这些盒子只能用干净的手使用。里面包含几种类型的物品：小拼图、小人物画像、纸和铅笔、手套等。

（七）歌曲

尽管幼儿到五六岁才会逐渐掌握边洗手边唱歌的技能，但年龄更小的孩子仍然能够通过听歌曲和童谣来知道如何去做。这些歌谣也能用来提醒幼儿洗手的步骤和动作。流行的儿童歌曲也可以修改成与洗手有关的歌词。举例来说，下面是《我们绕着桑树丛走》（*Here We Go Round the Mulberry Bush*）这首歌被修改后的歌词。

我们这样洗手，
洗手，洗手。
这是我们每次饭前（或饭后）洗手的方式。

二、刷牙

龋齿仍然是现代社会的一个大问题。在童年时期，养成良好的口腔卫生习惯至关重要。

乳牙不仅仅是恒牙的前身，在发音、咀嚼和消化方面也发挥着重要的作用，因此儿童有必要保持乳牙的健康，直到他们在6—11岁逐渐长出恒牙。

成人需要向幼儿介绍什么是健康食品，并且需要控制幼儿摄入精制糖含量高的食品（尤其是在两餐之间）。幼儿也应该学会饭后尽快刷牙。

在儿童时期，好的牙齿和健康的牙龈可以防止牙齿过早脱落，也可以防止出现发音问题，以及牙齿咬合（闭合）不良引起的问题。最后一点（但不是最不重要的）是，良好的牙齿卫生习惯可以最大限度地减少蛀牙、拔牙和修复造成的疼痛，这些疼痛对儿童来说往往是难以面对的。它还降低了牙齿护理的费用！由于牙齿对儿童的整体健康发挥着重要作用，因此，成人必须认真呵护儿童的牙齿健康。

如果你还需要进一步说服自己刷牙是有必要的，那么请记住，许多幼儿在家里只能自己刷牙，而有一半的幼儿在入学前就已经有蛀牙了。

遗憾的是，由于担心传播乙型肝炎或艾滋病毒，一些保育中心已经取消了刷牙这一环节。实际上，刷牙导致的传染风险非常小，这是前提。采取一些预防措施就能有效控制传染的风险，如：能风干牙刷的挂壁式牙刷架，成人的监督（这样幼儿就不会互相交换牙刷）等。

建议幼儿每天都要刷牙，即使这需要时间来形成习惯。在幼儿园，刷牙的最佳时间是在午饭后。如果幼儿早上和晚上也在家刷牙，那么他们会更有动力在幼儿园刷牙。刷牙对于预防蛀牙的好处远远超过了这一行为带来的不便。出于教育目的，幼儿如果做不到每天刷牙，那么应执行每周至少刷牙 2~3 次的规定，或以轮流的形式进行。

（一）何时刷牙

对于还没有牙齿的婴儿，最好用湿布清洁牙龈和口腔内部，让他们养成良好的牙齿卫生习惯。1 岁以上接受两餐或多餐的学步儿可以开始用牙刷刷牙（全美幼教协会认证标准）。幼儿园中的幼儿应在午餐后或午睡前，在成人的监护下刷牙。每天至少应该刷两次牙，因此，家长也应该让孩子在睡前刷牙，这是减少牙菌斑的最佳时间。

（二）材料和设施

显然，牙刷是让牙齿保持健康的主要工具。家长有责任为孩子提供一把小牙刷，上面贴有写着孩子名字的防水标签。牙刷应该选择小头、软毛的，并且有易于抓握的橡胶手柄。牙刷每年应至少更换 4~5 次，当刷毛看起来弯曲或损坏时，或者牙刷看起来太脏（裹上了牙膏、细菌）时，成人需要为幼儿更换牙刷，而不是简单的消毒即可。当流行病暴发时，必须立即为幼儿更换新牙刷。

为了防止细菌污染，在每次使用后，必须以卫生的方式存放牙刷。刷毛应风干，同时防止灰尘污染。应该使用一个支架，将牙刷悬挂起来，防止牙刷相互接触。不能让牙刷上的水滴到别的牙刷上。可以购买符合这些标准的亚克力牙刷支架，同时注意，这些支架必须易于拆卸，因为它们需要定期清洗。

> 牙刷架每周必须清洗一次，并在消毒液中浸泡2~3分钟，然后再彻底冲洗。在肠胃炎、感冒或传染病流行期间，必须更频繁地进行清洗。

应使用可让空气流通（以便使刷毛干燥）的保护帽或保护套来保护牙刷。需要注意的是，保护刷毛的外壳应能让空气进入；在潮湿的环境中容易滋生细菌，如果空气被阻塞，那么细菌肯定会在刷毛上生长。保护帽或保护套每周必须进行消毒，以降低牙刷被污染的风险。

教师必须监督幼儿刷牙，包括给幼儿提供明确的指导，禁止交换或互借牙刷，以免导致细菌传播。如果交换了牙刷，或一支牙刷与另一支牙刷碰到了，那么这两支牙刷就必须被更换掉。

> 请记住，密切监督对保证幼儿的刷牙卫生来说至关重要。幼儿教师一次最好只监督一名幼儿。

对于幼儿来说，牙膏可有可无，建议选用不含氟的牙膏，因为他们可能在漱口时无法彻底吐出牙膏。

（三）刷牙技巧

尽管专家们针对幼儿正确刷牙的方法还没有达成共识，但还是有一些基本的指导方针。对于2—3岁的幼儿，为了不让他们气馁，建议教师将要求的数量限制在3个以内。教师可以让幼儿握住刷子的刷柄，以免手污染刷毛；做个小游戏，如张开嘴巴时用牙刷“抚摩”牙齿或给每颗牙齿“挠痒痒”。

请记住，不到6岁的幼儿的精细动作水平有限，他们还不能够有效地刷牙。这意味着教师和家长必须帮助幼儿完成这项工作，以确保达到有效的刷牙效果。成人可以站在孩子身后，帮助他们做出正确的动作（见图3.3）。

图 3.3

幼儿可以学习一些精细的动作。他们可以学习张着嘴，沿着牙齿生长的方向刷牙齿的外表面，这意味着上牙从上往下刷，下牙从下往上刷。这些动作必须从牙龈线开始。对于牙齿的内表面，必须沿着水平的方向刷。每个齿段需要刷 5 个来回。幼儿这样刷一次牙大约需要 2 分钟。

儿童到 10—11 岁才能有效地使用牙线，父母应该在家中帮助孩子使用牙线清洁牙齿。使用牙线的时间最好是在晚上刷牙之前，尤其注意清洁牙刷难以刷到的区域。保持牙齿卫生还需要定期去看牙医，频率最好是一年 2 次。

幼儿喜欢模仿大人，你可以在他们面前刷牙，树立一个好的榜样。请记住，这是他们养成良好的牙齿卫生习惯的最佳方式之一。此外，幼儿不应长时间进食泥状或磨碎的食物，因为咀嚼和分泌的唾液有助于消除牙齿表面的废物。

（四）游戏和妙招

- 给幼儿一面镜子，让他们自己检查牙齿刷得好不好。
- 使用刷牙木偶来鼓励幼儿刷牙和检查刷牙效果。可以给木偶起有趣的名字。
- 扮演牙医或牙科保健员来检查幼儿刷过的牙齿。
- 给幼儿一个小笔记本或日历本作为刷牙记录本，让他们可以在刷完牙后画一颗微笑的牙齿。
- 使用一个视觉道具，如一把巨大的纸板牙刷，来提醒幼儿刷牙的时间。

- 在牙刷柄上添加安全的装饰：系上丝带或有黏土制成的柄端装饰。
- 安排拜访牙医的活动，或者邀请一名牙医来保育中心。也有一些牙科诊所或牙科保健协会能够免费提供这项服务。提供牙齿卫生课程的大学也是很好的资源。

三、如厕

大多数学前儿童能够识别排泄的需要，并且能够独自使用厕所。但是，有些幼儿会因为忙于游戏或不想在集体活动中打扰大家而克制自己。在这种情况下，你会观察到幼儿不断扭动、触摸他们的生殖器，蹲伏或站着不动。此时，成人可以悄悄地提醒他们去厕所："我想你现在可以去厕所，上完厕所之后你会感觉好一些。"

对于刚开始练习自主如厕的幼儿，成人更有必要对他们的如厕活动进行密切看护。2—3 岁的幼儿需要成人帮助他们安排规律的如厕时间，如可以在外出前、午睡前和坐车前使用厕所。你需要教他们在使用幼儿便盆或儿童马桶座圈时不要把衣服全脱掉。你可以根据自己对幼儿的观察，定期询问他们是否需要上厕所："你需要去厕所吗？""你要尿尿了吗？""是不是你的小屁屁在告诉你，有一个便便想出来？"

（一）使用厕所

有必要为 2—6 岁的幼儿设计合适尺寸的厕所。如果无法做到这一点，可以在普通马桶上安装儿童座椅。便盆、儿童座椅或儿童马桶必须舒适、稳定且易于清洁和消毒。

在教室附近为教师安排一间厕所也很有必要。

大多数保育中心安排男孩和女孩使用同一间厕所。在 6 岁之前，混合厕所能够帮助幼儿认识到他们的性别差异是正常的（Hendrick，1988）。开放式厕所的好处是可以满足幼儿的好奇心，部分厕所可以设有不安装门的隔间。然而请记住，出于宗教或家庭原因，有些幼儿可能会有合法的隐私需求。试想一下，如果我们不得不使用没有门的厕所，作为成人的我们会有多么不安。

> 幼儿可以在开放式和封闭式隔间之间进行自由选择，而无须证明他们的选择是合理的。如果幼儿需要帮助，那么教师必须及时帮助幼儿擦屁股、拉起内裤和裤子等。

在特殊的情况下，当幼儿感到迫切需要上厕所但又不得不等待时，教师可以开展一些简单的游戏帮助幼儿安静地等待。这将最大限度地减少幼儿因聚集和静静等待而产生的紧张情绪。（关于不可避免的等待时间的相关信息，请参阅第十一章。）

如果幼儿在户外游戏区就可以方便地上厕所，那将大大缩短他们上厕所的时间。幼儿的裤子如果有松紧带，而没有复杂的纽扣或腰带，那么会便于幼儿穿脱，有必要提醒父母这一点。

（二）换尿布

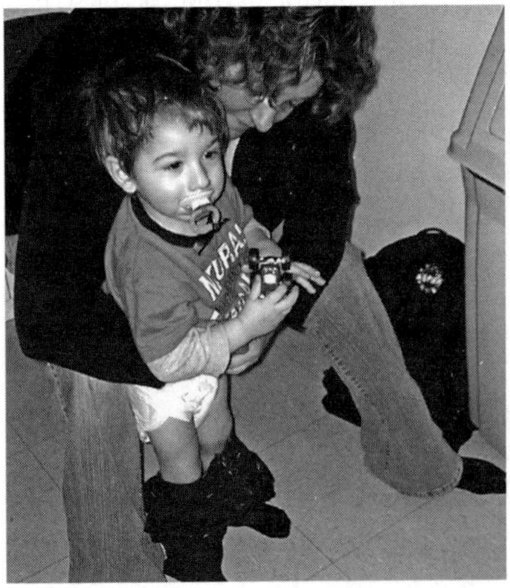

图 3.4

当尿布只被尿液弄脏时，如果 2—3 岁的幼儿能够做到站在原地不动，那么让他们站着换尿布会更容易、更快捷（见图 3.4）。这也可以最大限度地减少你背部所受的压力，因为你不需要将幼儿抱到换尿布桌上。如果幼儿会爬台阶，那么你就可以用一个小台阶更轻松地完成任务。在开始换尿布之前，不要忘记准备好所需要的东西。一个简单的方法是准备一个装有幼儿用品的篮子。只要这个篮子在附近，就不会有问题。请记住，在任何时候都要保护好幼儿的隐私。

预防细菌传播的基本措施包括：成人与幼儿的双手需要及时清洗，换尿布台需要进行消毒，在换有大便的尿布时成人需要戴手套。（根据当地的健康规定执行，也许你需要在更换尿布时戴手套。）

换尿布是你和幼儿之间进行个别互动的专门时间。此时，重要的是要表现出对幼儿的兴趣并与幼儿沟通（见图 3.5），以此与幼儿建立共同合作的关系。

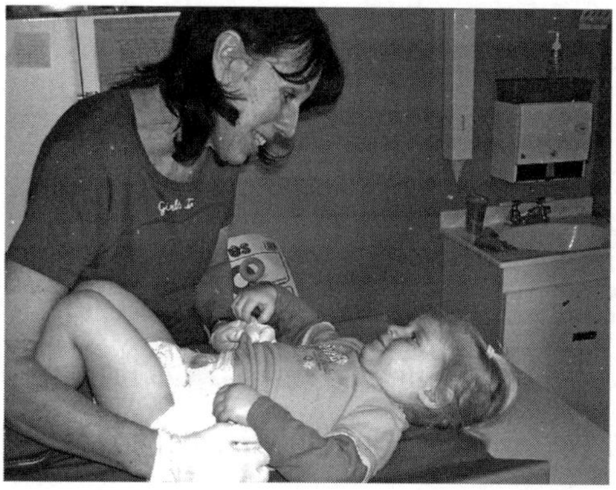

图 3.5

即使顺利度过了正常的如厕训练期，幼儿也有可能会发生如厕意外。在这种情况下，教师应该避免所有负面和侮辱性的言论以及持久的沉默，这些只会增加幼儿的不安。相反，要及时安抚幼儿，并且立刻帮她换掉弄脏的衣物。但是，请注意不要默认这种情况的发生。如果这种情况在没有明显原因的情况下反复发生，教师就要和家长沟通这一情况。提醒父母准备一套换洗的衣服（袜子、裤子、内裤），将其放在幼儿园。但是，如果幼儿没有自己可换的衣服，幼儿园最好准备一些园服。为避免遗失，这些衣服应标有园所的名称。

遵循民主教育法的教师知道，儿童的幸福和自主性的发展是他们做出教育行动的主要关注点。他们认为如厕训练是幼儿全面发展的重要组成部分之一，因此，他们会与家长合作。

（三）个人卫生和公共卫生

儿童通过观察他人洗手的步骤，并通过他人的提醒，可以逐步地养成良好的个人卫生习惯。例如，对于 8 岁以下的儿童（甚至对于成人）来说，如厕后洗手远不只是一个简单的反射动作。成人有责任使用各种方法（如多次重申）向幼儿介绍这些健康的习惯。个体一生中重要的生活习惯还包括正确使用卫生纸（如女孩要从前向后擦拭），男孩要将马桶圈抬起才能站着小便，然后放下马桶圈，冲洗马桶，再洗手。

教师每天必须对厕所进行适当的消毒，在幼儿每次使用后必须对便盆和尿布台进行消毒。厕所地板必须是易于清洁的，厕所还必须保持适当的通风和照明，以及应该要有美观的装饰。

（四）在合适的时机说合适的话

尽管成人通常觉得尿尿、嘘嘘和便便这一类的词语非常幼稚，但幼儿需要借助这些简单的词语来描述他们的排泄需求。上厕所、排便、排尿对幼儿来说都是陌生的词语。如果在正确的时间，出于正确的原因，那么幼儿使用诸如尿尿或便便之类的婴儿用语是可以的。在被问到“你需要尿尿吗？”这样的问题时，学前班的幼儿会更为腼腆，他们更愿意说自己需要去厕所。然而，在一天中的不同时间，他们可能会出于不同的原因说到尿尿、便便或屁股等词语：他们知道这是一种能让人们做出反应的方式。如果幼儿对关于排泄的词语使用不当，那么教师可以要求幼儿只在如厕时间使用这些词语。

只有到五六岁的时候，幼儿才会容易听懂并使用更符合医学性质的术语来描述他们的基本生理功能：排便、小便和便秘。教师可以问：“你说你肚子疼？那你小便了吗？你有没有拉肚子？”

四、擤鼻涕

对于6岁以下的幼儿，一年中有那么几个月里经常会擤鼻涕。在冬季，感冒、耳痛和鼻窦炎尤其容易引起幼儿频繁地流鼻涕，而在春季和夏季，幼儿可能会因为季节性过敏反应（花粉热、花粉或草类过敏）而流鼻涕。幼儿如果受到这些问题的影响，每天可能就会擤好几次鼻涕。

当幼儿打喷嚏或流鼻涕时，细菌或病毒会通过鼻腔分泌物来传播。捂住鼻子的手、流下的鼻涕或接触黏液的手指会在30~60分钟内促进细菌的快速增殖。但是，我们可以通过正确的操作来遏制病毒的扩散。

在许多情况下，我们需要教孩子们如何正确地擤鼻涕。他们还需要知道在没有纸巾时如何打喷嚏。在儿童保育中心，教师负责教孩子们关于擤鼻涕的正确规则。然而，由于幼儿的健康与许多人相关，因此，教师必须与其他教育工作人员以及家长一起跟进后续的工作。

（一）何时擤鼻涕

从 2 岁起，儿童就可以开始学习擤鼻涕（包括怎么擤以及什么时候擤）了，但要到 4 岁左右才能完全完成这项任务（见图 3.6）。

图 3.6

在擤鼻涕时，儿童和成人需要遵守一些基本规则。在以下情况下必须要擤鼻涕：

- 打喷嚏时；
- 当鼻涕大量流出时；
- 当鼻腔里似乎有分泌物而发生反复抽吸时；
- 当感到需要时；
- 当鼻孔里有鼻屎时。

（二）材料和设施

出于卫生原因，擤鼻涕时用纸巾显然比用手帕更好。纸巾应该是又大又厚的，而且毋庸置疑应该是一次性用品。这就意味着你不能用一张纸给同一个孩子擦两次鼻涕，或者给一个孩子擦完鼻涕后给另一个孩子继续擦。在任何时间，在保育中心的每间教室里以及户外都需要放置多盒纸巾。在去公园郊游和乘坐公共汽车时，教师也应该为幼儿准备好纸巾。

教师必须教孩子们自己擤鼻涕的方法。因此，纸巾应放置在容易拿到的位置。幼儿园通常会要求父母给自己的孩子带一盒纸巾。幼儿一次只使用一盒，用完后再更换。在墙上为盒装纸巾安装支架或将纸巾盒放在柜台的边上，这样会更容易找到。

垃圾桶（最好是内衬有垃圾袋的脚踏式翻盖垃圾桶）应该放在幼儿所在的每个房间或区域，这样会更方便。教师应该每天清空垃圾桶并进行消毒。出于生态原因，儿童最好使用由再生纤维制成的纸巾。

（三）擤鼻涕的方法

首先，取一张或两张纸巾，纸巾要大且厚，以免手指直接接触黏液，双手放在鼻子两侧，用纸巾盖住鼻子和鼻孔。其次，轻轻地擤，一次擤一个鼻孔，同时用手指堵住另一个鼻孔。这种方法可以防止鼻腔分泌物进入咽鼓管，从而最大限度地降低中耳感染的风险（Larose，2000）。再次，将纸巾扔进垃圾桶。最后，用温水和香皂洗手。

> 纸巾不能成为鼻腔分泌物和手之间的有效屏障，因此，幼儿必须在擤鼻涕后洗手，以尽量减少细菌传播的风险。

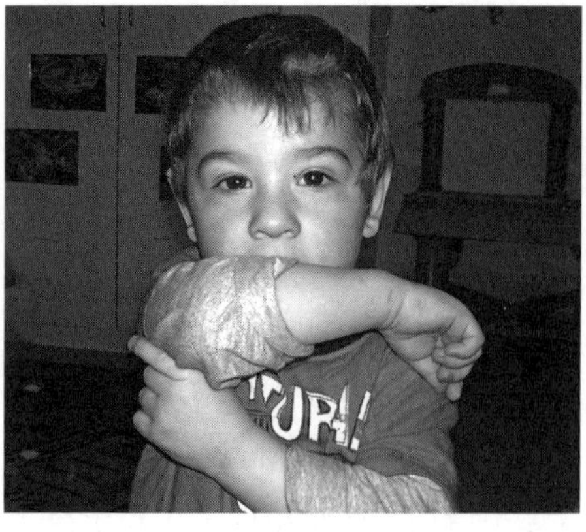

图3.7

将手指插入鼻孔可能会刮伤或损伤鼻孔，细菌也可能藏匿在指缝中，这也是让幼儿剪短指甲的一个很好的理由。

打喷嚏是一种对刺激的本能反应，经常突然发生，从而导致幼儿没有时间去拿取纸巾。为了减少手部污染和细菌传播的风险，教幼儿在胳膊肘的弯曲处打喷嚏是个好主意（见图3.7）。然而，有些幼儿滥用这种做法，养成了经常用前臂或弯曲手臂擦拭鼻涕的坏习惯。成人应该温和地提醒他们使用纸巾，并向幼儿解释这是一种更卫生的方式，可以防止他们生病。

这里有一个小游戏，可以教初学者如何正确擤鼻涕。

在一张纸巾上画一个小鬼。让幼儿深吸一口气，用嘴对着纸巾吹气赶走小鬼。然后将纸巾放在幼儿的鼻子前，让她试着通过鼻孔出气的方式来移动小鬼。最后，堵住一个鼻孔，幼儿通过另一个鼻孔直接对着小鬼出气。

第四章　正餐和点心

本章内容

对孩子们来说，饮食并不仅是身体的必然需求，也是生活快乐和幸福的源泉；饮食还是一种感官、社交和情感活动；此外，饮食环节也是一个很好的学习机会。秉持民主教育法的教育者，认为点心和正餐环节与其他活动一样，儿童在其中都享有特权。教师在设计和组织点心及正餐活动时，要像组织其他活动一样用心。

其实饮食教育在幼儿很小的时候就已经开始了，那时幼儿开始体验各种各样的事物，并在家庭或教育机构中通过模仿他人来学习。全天入托的幼儿每天在儿童保育机构里会摄入大约占每日进食量一半的食物，如果他们在机构里吃早餐，那么这个比例会更大。因此，确保幼儿的膳食营养势在必行。

一、健康饮食

营养专家们一直以来都在倡导：良好的营养才能保持健康。然而，北美人的生活方式暴露了观点与现实之间的巨大差异。虽然地球上有 8.42 亿人正在遭受饥饿之苦，但还有大量的人正面临着营养过剩和营养不良的困扰。这会导致许多健康问题——肥胖、2 型糖尿病、心血管疾病、高血压、低血糖、消化问题、高胆固醇、慢性疲劳和免疫系统弱化等。

在大多数情况下，营养问题源于缺乏关于营养的教育和兴趣。一个苹果比一袋薯片便宜，但是后者通常是更受欢迎的选择。

摄入食物的营养（维生素、矿物质、必需脂肪酸、膳食纤维、蛋白质等）能够维持人体新陈代谢功能的有效运转，这是保持健康的重要因素。此外，均衡的营养可以延长儿童的注意力保持时间，有助于儿童的学习（Hendrick，1988），这对促进儿童的整体健康至关重要。负责儿童营养的成人应该提供真正有营养的食物：坚持做到食物的新鲜和多样化，提供来自各类食物组的食品，同时减少无营养卡路里的份额（加糖的果汁饮料、含有大量糖的商业饼干、人造风味饼干以及含有化学添加剂和防腐剂的食物）。

教师和家长可以要求儿童保育中心保证只提供健康的正餐和点心。他们必须清楚地解释自己的观点，并经常重申需要消除垃圾食品，如巧克力棒、薯片、糖果和碳酸饮料。

> 正餐和点心必须包括谷物、水果和蔬菜、乳制品和奶类替代品以及肉类（或肉类替代品）。餐点分量应该根据儿童的年龄进行调整。在儿童保育中心工作的餐饮服务人员或餐饮服务商在计划膳食时，应遵循营养健康的基本原则以及政府的指导方针。

以合理的价格提供健康食品（既美味又有益于身心健康、准备时间不长的食品）是可行的。有许多关于营养的书籍可以帮助儿童保育中心计划与准备正餐和点心。教师还可以咨询图书馆、各种协会和诊所中的专业人士等，以收集有关儿童营养的信息。

二、儿童典型的食物偏好

与其他发展领域一样，生命的最初几年是获得健康的饮食习惯和认知的重要时期。如果教师想在这个学习阶段帮助幼儿，他们就需要清楚地了解幼儿对食物的态度。尽管 2—6 岁的幼儿会表现出对食物的个人偏好，但他们在食物选择方面仍存在着共同点。专栏 4.1 列出了一些常见的特点。

专栏 4.1 儿童典型的食物偏好

- 规律的正餐和点心时间能让所有年龄段的幼儿都感到安心，而不仅仅是年龄小的幼儿。
- 儿童喜欢清淡的口味、咸味和甜味。他们通常不喜欢口味怪异、苦味或有很多调味料的食物，除非在很小的时候他们就接触过这些食物。
- 大多数幼儿喜欢吃面包、水果、肉和黄油，但也有许多幼儿不喜欢吃绿色蔬菜。成人可以采用一些方法让他们尝试吃这些蔬菜。
- 由于幼儿的胃容量小，因此，他们喜欢吃小份的食物，一天最多会进食 5~6 次。因此，每天为幼儿提供三餐和 2~3 份点心非常重要。

- 1 岁以后，幼儿会识别出专门为他们提供的食物。最好给他们提供单独的小份食物，而不是混合食物。将食物切成小块比捣碎或磨碎要好（不要用番茄酱或其他酱汁遮盖食物）。
- 相较于冷食，孩子们更喜欢热的食物。
- 幼儿一开始喜欢吃软的食物，后来他们会开始喜欢松脆的口感。
- 孩子们喜欢易于拿取的食物，如杯子里的汤、面包条、豆腐泡、切好的蔬菜、奶酪块或豆腐块、水果片、全麦饼干、小块肉、鸡块、全麦面包片、燕麦饼干等。
- 孩子们重视食物的颜色搭配。他们喜欢对比食物的颜色、餐垫和盘子等。

综上所述，应根据口感、颜色、形状和营养价值来选择儿童食品。

- 在 1—5 岁，儿童的食欲波动很大，这取决于他们的活动水平、体型、生长需要和疲劳程度等。他们也可能在短时间内表现出极端的变化，如狼吞虎咽或拒绝进食。疲倦、情绪不稳定或生病的幼儿通常会很少有或根本没有食欲。以下因素会抑制幼儿的食欲：生长的高峰和低谷（儿童早期的特征），感染（耳部感染、肠胃炎、感冒或支气管炎），免疫接种，药物［抗生素或对乙酰氨基酚（泰诺）］，以及支气管扩张剂［吸入气雾剂，如沙丁胺醇（喘乐宁气雾剂）］。

三、正餐和点心管理任务

虽然良好的营养是必不可少的，但这还不够。同样重要的还有用餐的环境。安静的环境有助于消化，并促进孩子们进食。事实上，对成人和儿童而言，在保育中心用餐是一段愉快而平静的时光。“我们不要忘记，吃是生活中美妙的乐趣之一。”（Petit，1994，p.47）请确保在用餐时间大家都是愉快的。专栏 4.2 包含了能够实现这一目标的建议。

专栏 4.2 正餐和点心时段的管理

- 对 4 岁以下的幼儿来说，午餐环节最好安排在上午 11:30 左右，即幼儿户外活动后。学前班的孩子们可以稍晚一点，中午 12:00 左右吃午饭，在下午 1:15 左右开始午睡。需要注意的是，每个保育中心都应该根据孩子们的需要来安排用餐时间。
- 午餐环节安排 30~40 分钟，早餐环节安排 30 分钟，点心环节安排 15~20 分钟。注意留出充足的时间以避免催促孩子们，但也不要留太多时间以免造成幼儿的懒散。在教室里放一个时钟将有助于管理时间。
- 理想的情况是，在规定的时间表上应该留有 15 分钟的缓冲时间来开始和结束正餐和点心环节，这样就不会因为时间紧张而给孩子们带来压力。要警惕“地狱般的生活节奏”被频繁地强加在幼儿和成人身上。保育中心应认真分析教师在用餐和点心时间采取的干预措施，以识别成人的做事方式是否能满足幼儿的真正需求。
- 提前提醒儿童吃点心或进餐的时间快到了。“球赛结束后，就到吃点心的时间啦。”这样，学前班的幼儿很快就能明白活动是怎样一个接着一个的，甚至可以在没有提醒的情况下自己坐到桌子旁。
- 成人和幼儿在接触和食用食物之前，必须用皂液分配器中的洗手液和温热的自来水洗手。此外，教育工作者在准备不同的食物时必须洗手。例如，他们在切完奶酪块后准备橘子片时就需要洗手。不要戴手镯或戒指（因为食物残渣和细菌可能会附着在手镯或戒指上）。手上皮肤破损的教育工作者必须戴上防护手套。
- 年龄较小的幼儿应该穿围裙或戴围嘴，以尽量避免弄脏衣服——特别是吃面条前，这一点非常重要！
- 在幼儿坐下之前，他们用餐的桌子要消毒。注意不要使用喷雾消毒剂。
- 在正餐和点心时段尽可能减少餐前、餐中和餐后的等待时间。这样将大大减少幼儿的不良行为。当我们要求幼儿有耐心时，请首先考虑他们的发展水平。
- 尽可能缩短准备食物、分发食物和摄入食物之间的时间，以避免细菌繁殖。容易污染的食物不应在温度危险区（4~60℃）存放超过 2 小时。

负责准备食物的人员必须严格遵守食品烹饪和储存指南，并始终确保食品安全和卫生。他们还必须考虑幼儿是否对食物过敏和不耐受、是否存在窒息的危险，还有是否有宗教和文化的限制。

◆ 最好给每个幼儿只盛少量的食物。你可以在几秒钟后再给他们添。从孩子 1 岁开始，最好的比例是每增长 1 岁，每种食物多增加 1 汤匙①。例如，给 2 岁幼儿吃 2 汤匙鸡肉、2 汤匙米饭和 2 汤匙熟的四季豆（Lambert-Lagacé，2000）。对于牛奶和果汁，最好是在杯子里只倒 0.5 杯甚至 1/4 杯②，而不是强迫幼儿喝下 1 杯。即使对于食欲正常的幼儿来说，把整个苹果当作点心吃也可能太多了：可以少给一点，当幼儿要时再给第二次。当教师自己饿了时，他们往往会倾向于提供过多的食物。同样，当家长准备午餐时，他们也倾向于给幼儿打包太多食物。

总而言之，提供各种优质的食物是成人的责任，而孩子们会决定自己要吃多少（Lambert-Lagacé，2000）。

◆ 跟和自己的孩子在保育中心吃早餐的家长达成明确的协议。包括：谁负责提供早餐？有额外的费用吗？何时供应早餐？菜单上会有什么？

图 4.1

◆ 让孩子们养成白天喝水（见图 4.1）的习惯很重要：吃点心时、从户外回来时、天气炎热时、进行高耗能的活动后等。不要等到幼儿要水喝时才给他们水喝，因为口渴是已经开始脱水的迹象（Petit，1994，p.108）。

---

① 1 汤匙（toble spoon）约 15 毫升，1 茶匙（tea spoon）约 5 毫升。——译者注

② 1 杯容量约为 250 毫升。——译者注

◆ 不要让幼儿比赛吃饭速度。在建议幼儿品尝自己盘子里的所有食物后，又责备他们吃饭太浪费时间，这样的做法是不公平的！如果有幼儿在磨蹭，就拿走盘子或者让他把饭盒收起来，同时告知他下次想吃时可以多吃点。

◆ 为了减少进餐时的来回走动，教师可以告知幼儿在需要帮助时举手示意。

◆ 在吃完饭或吃完点心之后，请幼儿用递给他们的湿毛巾擦脸和手或最好用流动的水和香皂来洗脸及手。这可以去除容易滋生细菌的食物残渣。应该禁止所有孩子使用同一块毛巾以及所有人使用同一盆水擦洗。

◆ 清扫地板和椅子，必要时擦拭桌椅，避免食物残渣造成污染。有的幼儿可能会捡起一块面包吃掉，这样容易生病。

◆ 在吃完饭和点心后，要清空装满食物残渣的垃圾桶，并对盖子进行消毒。

专栏 4.3 鼓励幼儿积极参与进餐和吃点心环节

◆ 让幼儿分发和拿取塑料杯。

◆ 对于学前班的幼儿，可以将食物盘放在桌子中央或旁边的桌子上，教他们自助取餐，同时要求他们遵守规则，只在盘子里放自己要吃的东西（见图 4.2）。

图 4.2

◆ 让幼儿吃完饭后清理自己吃饭的地方，捡起周围掉落的东西并擦桌子和椅子。

◆ 饭后，让 3—5 岁的幼儿把垃圾扔进垃圾桶。这将教他们尽早开始学会关心他们的环境。

◆ 当幼儿离开餐桌时，请他们安静地推椅子。

◆ 请幼儿打扫桌子周围的地板。

还有很多其他的方法鼓励幼儿的积极行为。例如：可以给幼儿佩戴项链或徽章来奖励良好的行为（当然，幼儿必须事先知道什么样的行为会得到奖励）；或者可以要求每个幼儿在上半周挑战用餐后打扫自己的就餐区，以获得下半周不打扫的特权。

绝对不能用进餐多少或进餐时间的长短作为奖励幼儿的标准。“要是你把盘子里的所有东西都吃光，那么……”“第一个吃完的就可以……”或者“比比谁吃饭安静”，这些都是非常消极的教育方式。良好的教育体系所蕴含的价值观应该是激励幼儿，而不是羞辱、训斥或轻视他们。此外，通过进餐多少和进餐快慢来进行奖励的策略通常是无效的，因为这些策略的使用常常会导致其他策略被排除，而且容易导致得到奖励的总是同一批幼儿。

如果条件比较困难（如同时需要照料 10 个非常兴奋的 4—5 岁幼儿），那么你可以额外增加一个助手。

四、物质环境和材料的组织

室内的空间安排对用餐时间有显著的影响。教师必须对用餐和吃点心的地点和方式做出合理的规划。

首要原则是安全。在用餐和吃点心时，你必须采用专门的指导方法，并特别关注幼儿。幼儿在整个用餐过程中保持坐姿会更加安全，这使他们能够正确地咀嚼和吞咽食物。幼儿在吃东西时不可以躺着、奔跑、哭泣、大笑或唱歌。此外，绝不应该把幼儿单独一个人留下来吃东西。如果出现问题，你必须立即采取措施。此外，不论年龄大小，孩子们都不应该互相喂食。禁止幼儿交换或分享食物，无论是盘子里的还是餐盒里的，以确保过敏严重的幼儿得到保护。

> 千万不要理所当然地认为，用餐和吃点心环节是安全的、万无一失的。

餐桌的布置排列应允许幼儿互动。圆桌可以保证幼儿很好地看到彼此，并且便于教师监管。有时幼儿需要分开坐在不同的桌子上，但在这样安排时必须保证教师能够进行良好的整体监管。

吃东西时幼儿最好不要一直坐在地板上。没有背部的支撑，他们很快就会感到疲累。

长折叠桌易于存放，但是它们并不利于进行人际互动。出于教育目的，小圆桌是最合适的。这样的桌子可以促进儿童个体之间的交流，也可以分散在各区域中使用。比较常见的是那种带座位和靠背椅、能容纳 8~10 人的可折叠圆桌。

由于用餐和吃点心是发展社会性的好机会，因此可以定期调整小组以促进幼儿新的人际交往。例如，你可以邀请几名幼儿去 2~3 人的小桌子上吃点心，以鼓励他们与不同的小组成员之间建立更密切的关系。

如果有时很难鼓励幼儿交流，那么你也许需要做出轮换座位的安排。为什么不把每个幼儿的名字或个人标识标记在椅子上呢？这样可以帮助幼儿快速找到自己的位置，并暗中解决邻桌之间的冲突。请记住，坐在教师旁边吃点心或正餐是年龄较小的幼儿常会享有的一项特权。

我们知道，当同一间房间里幼儿数量较多时，噪声水平、紧张感和指导干预的频率会大大增加。因此，在同一间房间里，教师需要尽可能地限制在同一时间用餐的幼儿人数。有时，让幼儿在他们平时的教室里或另一个小房间里吃饭，比把所有幼儿都聚集在一个嘈杂而没有人情味的餐厅里吃饭要好。

在一个嘈杂的房间里，五六十个甚至更多的孩子挤在一起，坐在没有靠背的长凳上，这样的环境谁能长期忍受？

最重要的是，孩子们需要快点吞下饭菜，以便为下一组幼儿腾出房间。这种情况对教育工作者提出了太多的要求，而孩子们也难以获得帮助。在这样一个充满压力的环境中，孩子们会受到排山倒海般的指导和干预，这些指导有时会演变成威胁和尖叫。如此拥挤的环境如何让孩子们为下午的学习做好准备？

虽然这样的描述似乎有些夸张，但它反映了许多儿童保育中心的现实情况。找到对工作人员和幼儿都有利的解决方案非常重要，教师在选择用餐地点时需要考虑多个因素。

独立的餐厅有它的优势，包括能增加稳定感、靠近盥洗室、适合幼儿的环境，以及远离可能会分散幼儿注意力的游戏材料。不过，一个独立的餐厅并不能提供像普通教室那样的亲密感。

如何控制用餐时的噪声水平，以帮助参与者放松和进行个人交流，并促进消化？让我们想想所选择的音乐（音量、节奏、持续时间）、厨房电器和正在使用的餐具所产生的噪声、教师指导干预产生的噪声等。有的儿童保育中心在吃点心和用餐时播放电视或录像，以限制孩子们之间的交谈。在这种情况下，相应的规则通常是每个人都要安静地吃饭，只有在噪声一直都很小的情况下才会开电视或放录像。对于那些每周已经花了 25 小时的时间待在屏幕（电视、视频、游戏）前的幼儿，以及醒着的三分之一时间都花在了观看那些经常充斥着暴力、性和种族主义的影像的幼儿来说，这是最好的做法吗？这是某些教育机构所倡导的价值观与其实践明显矛盾的案例。尽管近年来取得了长足的进步，但幼儿教育领域中的教学一致性尚未成为现实。

是否能够为幼儿提供足够的空间，使得他们在用餐和吃点心时不至于感到拥挤？室内是否可以配备舒适的家具，如坚固的、适合幼儿的直背椅子，以让他们的脚接触地面？为这样的空间所设计的家具也会将损失和浪费减少到最小。是否可以为教师提供适合其需要的椅子，以便她在用餐时间可以坐着？

> 幼儿在用餐和吃点心时，很难做到放松下来。高到下巴的桌子、迫使幼儿跪坐的矮椅子、可能导致跌倒的不安全的加高座椅、粗糙的桌面、漫长的就座时间、嘈杂的环境——这些都不利于幼儿或教育工作者在吃饭和点心环节的舒适和放松。请记住，一年中会有超过 600 顿的正餐和点心！

应该用易于操作的盘子盛放食物，这些盘子应该是防摔碎、坚固的，而且是宽边的（Petit，1994，p.49）。应该给较小的儿童戴上围嘴。桌子上垫上塑料布，有助于收集食物残渣，从而便于清理。当然，易于清洗的地板是最好的选择，尤其是对住家式托儿所来说。纸巾和清洁布应该放在幼儿随手可以拿到的地方。鼓励学前班的幼儿自己清理溢出的东西和杂物。

并非所有儿童都想在下午的时候吃点心。如果有的孩子不想吃，那么教师要允许他们去游戏区玩游戏材料。对于这些孩子来说，在其他同伴吃东西的时候自己坐在桌旁是无聊的，这对他们没有好处。当然，如果他们想待在那里则另当别论。

教师可以通过改变环境来给点心和正餐环节增添活力，如在户外的树下进行野餐，或者在隆冬时节用与春天的主题相关的材料来装饰用餐空间。

五、营造积极的用餐氛围

作为一名幼儿教师，你的责任是管理任务、时间、空间以及设施，以确保用餐和点心时段的平静和放松。此外，你的语言和非语言交流对用餐时段的整体环境都有很大的影响。实际上，如果教师在孩子们吃饭时不停地吵嚷，幼儿就很难安静地吃饭。与其忙碌不停，不如和孩子们坐在一起，一起吃饭。较少的走动和更积极的人际互动，会带来更平静的用餐体验。如果你要坐在餐桌旁，那么你可能还会需要一张边桌、一辆餐车或一个托盘，以方便为幼儿提供服务。提前计划好所有必要的材料和设施，才能在餐桌边轻松完成各项任务（见图 4.3）。

图 4.3

幼儿教师的任务是在用餐和点心时段营造一个积极友好的氛围。

微笑、注视幼儿、饱含关爱是营造友好氛围的具体方法。当教师表现出幽默、用假想角色的声调说话、扮演某个假想角色、引入某个主题（如在一个别致的餐厅用餐）以及采取其他积极和放松的行为时，孩子们都会很喜欢。只需一些筹划和积极的态度，就能让共同进餐的过程变成一段放松的时间。

在餐桌上要求幼儿保持绝对的安静是没有必要的，除非是在特殊情况下，而且只能在有限的时间段内。还有很多其他方法可以帮助幼儿在用餐时段保持安静，如：低声耳语给幼儿树立一个好榜样，称赞幼儿的良好行为，让幼儿把头靠在桌子上休息 2 分钟，用木偶玩具指导幼儿，引入有趣的对话主题，或者提出某个主题（诸如“说一个有趣的点心”）。当幼儿过于兴奋时，记得做几次缓慢的深呼吸来放松一下。学前儿童喜欢在吃饭和吃点心时说话。可以通过向他们提问或发表一些简单的个人评论来鼓励安静的幼儿说话。然而需要注意的是，任何时候都不应该强迫幼儿说话。当孩子们可以谈论他们感兴趣的事情时，他们会享受这种非正式的交流。交流的内容可以关于即将到来的生日、最近一次出门去电影院、全家拜访祖父母、家养的动物、某个新的活动、未来的事件等。这样的例子不胜枚举。

某些特定时刻可以成为改变环境的契机。装饰桌子的点子多得数不胜数：叠层餐垫（可以由幼儿制作）、特殊的桌布、将幼儿的礼物放在餐桌中心作装饰、散步时收集的一小束鲜花（注意过敏）等。其他变化包括调暗灯光、播放几分钟的轻音乐、在户外或在保育中心以外的其他地方组织野餐。这样的改变对于打破日常生活的单调非常有效，3 岁及以上的幼儿会真正乐在其中。

六、2 岁幼儿的用餐时间

在 1 岁后，儿童的生长速度就会放缓，直到满 5 岁之前，其食欲明显下降是正常的。最好的方式是根据儿童的需要调整食物的分量。

个体与食物的关系其实很早就建立起来了，因此，成人在食物和营养方面帮助幼儿做出明智的选择非常重要。重要他人、教育工作者、父母、食品服务人员、管理者和董事会成员应展开合作，并就儿童保育中心营养计划的主要功能特质达成一致。

营养会极大地影响儿童的发展、注意力和主动性。即使父母在孩子出生后的头几个月就非常关注营养，但在孩子 1 岁以后，他们有时也会放松对孩子营养的警觉性。因此，保育中心必须致力于提供健康的菜单。

从 18 个月到 2 岁，婴幼儿不断涌现的创造力促使他们尝试不同的食物。成人需要清楚地告诉孩子们他们应该做什么，并在他们分心时温柔地引导他们："吃完点心以后你就可以玩橡皮泥了，但现在你需要用勺子来吃苹果酱。"

对于 2 岁的幼儿来说，要求他们坐 30~40 分钟并不容易，如果他们在家里还在使用儿童餐椅，那么就更是如此。如果希望这个年龄段的幼儿学习新的行为，那么你就需要耐心而温和地对他们提出我们的期望。一方面，有必要限制他们坐着的时长，另一方面也不要催促他们。其中的黄金法则是做到坚持不懈。大多数儿童最终会达到教育工作者的期望。

虽然有些 2 岁的幼儿不喜欢脏兮兮的，但可以预料的是，他们吃东西的时候会把衣服和座位周围弄得很脏。他们在吃饭的时候经常会要餐巾纸，这样他们就可以擦拭嘴巴和手。可以让他们穿围裙或围兜，在桌子下面再铺上一块塑料布，以方便饭后清理。

2 岁左右，幼儿开始对食物有特定的好恶。他们会清楚地表达这些好恶，拒绝吃一些他们以前喜欢的食物，并一次又一次地要求吃其他食物。这一年龄段的孩子正在发展着自我肯定的需要。

由于喜欢重复、精细和稳定是这个年龄段的显著特征，因此，教师在呈现食物时最好保持相同的顺序，以及相同的习惯、仪式、空间组织、家具等（Betsalel-Presser，1984）。

2 岁的幼儿经常会拒绝接受日常生活或环境中的任何变化。因此，教师最好在儿童 1—2 岁时引入新的元素，此时他们更愿意改变。例如：引导幼儿坐在餐桌旁而不是坐在儿童餐椅上，停止使用奶瓶或专用杯，用普通食物代替糊状食物，或者引入新的口味。虽然必须考虑到个体需求和个别情况，但应该在幼儿 2 岁之前完成所有类别食物的引入。到 2.5 岁时，大部分幼儿长出了全部的乳牙，此时应完全停止糊状食物。

照顾 18—30 个月儿童的教育工作者会发现，餐前的这段时间很难熬。有些儿童需要换尿布，有些儿童需要排便，有些儿童会因早上的活动而感到疲倦，有些儿童则难以忍受饥饿。所有这一切都会在同伴之间引发紧张情绪，并给同样又累又饿的教育工作者增加负荷。应注意在保持灵活性的同时，仔细规划用餐前后的时间，就能让大家以最小的压力度过用餐环节。

七、食欲不振、拒绝进食和其他挑战

当幼儿情绪不稳定或拒绝进食时，教师很快就能注意到。教师应该如何应对这种行为？是顺其自然，还是坚持让幼儿服从？是跟幼儿讲道理还是跟他动手？是提出妥协方案还是说教？是对抗还是转移幼儿的注意力？

有很多书就如何以有效的方式干预幼儿的饮食给出了很好的建议。许多作者建议以客观的方式观察孩子，以检查他们是否有良好的体能水平。观察幼儿是否能跑、能笑、能轻松地移动、能参加活动。如果幼儿能够轻松做到，即使他们白天吃得不多，你也不用过度担心。当然，理想的情况是继续监测幼儿的情况，并与家长一起跟进了解。

幼儿饮食困难的原因还可能是家庭或保育中心内存在令其焦虑的情境，如父母离婚、失业或教育工作人员变动。但是，如果幼儿看起来过于疲倦、拒绝参加体育活动、难以集中注意力、情绪或睡眠有问题、疑似体重过轻、脸色不好但没有任何具体病症（发烧、感冒、肠胃炎），而当下的解决方法又不起作用，那么在这种情况下，当务之急是鼓励家长咨询健康专家。在排除这些情况后，最好的方法是淡化对幼儿食欲不振的关注。正如路易丝 · 兰伯特 · 拉加斯提醒我们的那样，“当幼儿对食物缺乏欲望时，最好采取理解和关爱的态度对待这一情况”（Louise Lambert-Lagacé，2000）。

（一）饮食模式与幼儿的气质

儿童的个性往往会影响他们的饮食模式。有些婴儿是热情的食客（Essa，1990）；从第一次喂食开始，他们就对食物表现出浓厚的兴趣。而另一些婴儿则会因为持续胃绞痛或胃反流而让父母担心。更复杂的是，一些幼儿存在食物不耐受或进食困难的情况。每个幼儿对食物的态度都是不一样的。

> 儿童对食物和营养的个人态度是他们独特性的表现。教育工作者需要理解这一点，并以良好的判断力来对待它。他们也需要与父母进行合作。

被贴上“困难”标签的幼儿更有可能会存在进食困难的问题（Essa，1990）。他们会感觉到成人对自己饮食习惯的关注，即使这些关注表露得非常微妙。事实上，这样的幼儿常常会受到与其他幼儿不同的对待。成人会恳求他们吃饭，品尝某些食物，喝完一杯牛奶等。只要有一点洞察力，这些幼儿就可以轻松对抗父母和教育工作者所使用的策略。

（二）不同年龄幼儿的不同饮食模式

幼儿的年龄可以用来解释他对食物的一些奇思妙想。幼儿只需要少量的食物就可以满足他们的生理需要。我们也常会看到1—6岁的儿童通过拒绝（或偏爱）某种食物来建立他们的自主性。这是儿童社会情感发展的一个正常阶段，如果他们看到成人对这种拒绝感到担忧或生气，那么这种行为就会相应地增加。

> 如果一个健康的孩子拒绝进食，那么成人最好的对策就是坦然接受这个事实，不要大惊小怪。

（三）观察幼儿的饮食模式

我们可能会想：“这个孩子什么都不吃。”事实上，情况可能有所不同。把这些令人担忧的情况归纳出来，比寻找事实并分析这些情况以找到解决方案更容易。这个孩子真的不吃东西吗？系统和专业的观察会将事实和成见区分开。为了识别出问题，以下是一些必要的提问。

专栏 4.4 当幼儿拒绝进食时的提问

成人可以做如下观察以识别幼儿是否有饮食问题。

孩子有没有：

◆ 盯着他的盘子看，抑或他不喜欢这些食物?

◆ 拒绝吃绿色蔬菜?

◆ 玩食物?

◆ 吞咽困难或咀嚼时间过长?

◆ 当他的盘子里有太多东西时，他似乎很沮丧?

他拒绝了哪些食物？喜欢吃哪些食物?

◆ 酸奶?

◆ 红肉?

◆ 柑橘类水果?

◆ 其他呢?

孩子表现出什么行为?

◆ 没有明显的反应，没有言语?

◆ 抱怨?

◆ 悲伤?

◆ 大声哭泣?

◆ 将食物长时间含在口中?

◆ 反抗?

◆ 玩食物?

◆ 恶心作呕？肚子疼?

◆ 其他情况呢?

这是最近才有的问题吗？是从什么时候开始的？这种行为在一周内出现的频率是多少，什么时候会出现？

- 午餐时 2 次，点心时 3 次？
- 是不是在用餐之初尤甚？
- 其他时间呢？频率怎么样？

当孩子出现这样的行为时会发生什么？

- 他会有选择性地进食吗？
- 他在吃饭和吃点心时会说很多话吗？
- 教师最终会给他 2 汤匙还是 3 汤匙的食物？
- 其他孩子邀请他吃饭了吗？
- 气氛是轻松的还是紧张的？
- 其他情况呢？

一旦客观地收集到了这些观察资料，教师就能进一步分析并深入了解幼儿饮食的整体情况。然后，你可以与保育中心的其他工作人员分享这些观察结果，并制订一个行动计划。其他同事的投入和鼓励会更有利于计划的高效执行。同时，教师有必要将发现的问题以及所要采取的措施告知幼儿家长，因为这些措施也会在一定程度上影响家庭生活。

（四）个人饮食习惯

儿童和成人有各自的饮食习惯。教师应关注这些与饮食相关的个人习惯以及家庭传统。以下是几个关于个人习惯的问题：幼儿吃得好吗？他什么时候在家吃早餐？他吃梨吗？进餐时会发生什么？这些答案将帮助你了解儿童在饮食方面的行为。

不同家庭之间的饮食习惯差异很大。它们可能包括吃快餐或辛辣食物，也可能是不吃蔬菜。不同家庭的用餐时间可能会有所不同，也可能有各种类型的民族食品。如果保育中心提供的食物以及例行的用餐时间安排与儿童家庭中的饮食习惯有很大不同，那么保育中心的食物就有可能吸引不了孩子。尽管如此，最好的做法仍是在有组织的环境中为儿童提供健康的食品，同时避免“在儿童拒绝食物时，对他们施加压力、约束、威胁和过度关注”（Petit，1994）。

在教育机构中，不应该出现诸如“快点吃饭，否则你爸爸不会来接你了。”“快把你的肉吃掉，否则你就不能上学前班。”“你必须把西蓝花吃完，不然你就没有甜点吃。”或“比比看，谁能先吃完自己盘子里的东西？”的话。这种干预方式没有教育价值，应该被禁止。总之，不应该用食物来奖励或惩罚孩子。

应避免说“来给妈妈吃一口”，用食物模仿飞机降落以鼓励幼儿张嘴，也要少坐在某个幼儿旁边不断鼓励他吃饭。从长远来看，这些做法最终会影响幼儿对食物的健康态度。无论孩子们表现出什么样的个人行为，他们都需要对食物、进餐和膳食形成积极的态度。他们需要关注与饮食有关的各种感觉（如饥饿感和饱腹感、喜欢和不喜欢等），并且需要在食物和关爱自身之间建立联系。经常使用“勒索”或“操纵”手段的成人不会帮助幼儿树立对食物的健康态度。

重要的是，要淡然面对幼儿拒绝食物或对食物缺乏热情的情况。相反，可以与家长一起寻找解决方案，以促进儿童的健康发展。

（五）有效的正餐和点心策略

成人需要时刻谨记的一点是：在愉快的环境中用餐和吃点心，有助于幼儿享受进食和品尝食物的乐趣，还能分散幼儿对自己不喜欢的食物的注意力。

有时，坚定而冷静地鼓励一些幼儿吃两口（2 岁幼儿）、三口（3 岁幼儿）……可能是有益的。在用餐结束时最好直接将食物拿走，而不要为此进行批评或争执。你可以对幼儿说：“下次你要多吃点！”幼儿很有可能会在下顿饭之前就感到饥饿，这是他们拒绝食物的自然结果。幼儿比其他人更了解自己的胃口（Lambert-Lagacé，2000）。作为教育工作者，你的角色是用微笑等积极的表情来激励良好的饮食行为，同时忽略其他的问题行为。

当幼儿不喜欢自己盘子里的食物时，乔安妮·亨德里克（Joanne Hendrick，1988）提出了一个鼓励幼儿进食的小技巧："我觉得你长大后肯定会喜欢这个味道！"比如，我们可以告诉幼儿，今天点心环节提供的面包是一种大人才能吃的食品，他们要是做好准备了也可以尝一尝。或者我们也可以说他们盘子里的甜椒想被人体消化，但是甜椒必须首先进入他们的胃里。"甜椒喜欢你吃它，因为这是它的使命。"有些幼儿喜欢这样加点幻想。拓宽幼儿饮食偏好的一个合理策略是邀请他们品尝某种特定的食物，而不是强迫他们吃这种食物。当幼儿不喜欢某种食物时，最好的做法是仍然继续提供给他们，因为幼儿的口味和态度会随着时间而改变。

另一方面，一次性添加多种新的食物并没有什么好处。当你想要给幼儿添加某种新食物时，你需要提供一种熟悉的食物作为替代性选择，同时不要抱有不切实际的期望。年龄较小的幼儿喜欢熟悉的食物，但随着他们慢慢长大，他们会开始尝试新的食物。蘑菇、橄榄、浓奶酪或带有异国风味酱汁的贻贝等食物通常不是幼儿的首选食物！此外，教师可以在前一天或当天早上花点时间和幼儿谈谈新食物，从而让幼儿为尝试新食物做好准备，这一方法会很有用。如果幼儿有机会事先观察和烹饪鹰嘴豆，而且教师能在插图的帮助下向幼儿解释鹰嘴豆长在哪里以及如何生长,那么鹰嘴豆会更容易被幼儿接受。在引入食物时，适合儿童发展水平的教育技巧会对幼儿的接受过程产生积极影响。本章的最后一部分展示了向幼儿介绍新食物的活动。

当食物以某种有趣的方式呈现和展示时，孩子们品尝的兴趣就有可能被激发。例如，番茄片可以摆得像卡车车轮，苜蓿芽可以摆得像小人的头发，苹果可以切得像星星一样，奶酪块可以用饼干模具刀切出不同形状等。

对于幼儿来说，小份的食物比要溢出盘子的大份装更好，分开的食物比混合的食物更有吸引力。

把一个吃得好的幼儿安排在进食困难的幼儿旁边，有助于鼓励进食困难的幼儿进食。

教师的榜样作用也很重要。从营养学的角度来说，集体的影响不容小觑。

你的语言和非语言态度——对某种食物感兴趣或排斥、暗地里的厌恶、对新食物和新口味不感兴趣——对孩子们来说都是显而易见的。

当学前阶段的幼儿能够进行自助服务时，他们就更容易接受和吃掉自己盘子里的食物。将自助服务的范围限制在一餐的某个部分（如主菜），这样的做法会更明智。为了确保成功，你还必须制定清晰准确的规则：

- 每样东西都拿一点；
- 只拿你能吃完的分量；
- 你如果还感觉到饿，可以过会儿再回来拿。

需要注意的是，这种方法不适合30个月以下的儿童，因为这种方法的成功实践需要儿童具有耐心。虽然教师提出了明确的指导，但一开始孩子们拿取的食物太多仍是正常的。他们的行为并不熟练，可能会洒出食物。但请记住，他们正在学习的过程中，尽管会带来暂时的麻烦，但这些经验的获得对幼儿来说是值得的。

在吃自己准备的食物时，幼儿也会更有动力。与幼儿一起计划简单的烹饪体验，然后把做好的食物作为一顿饭或点心。准备水果，把水果当点心，把奶酪切块来做意大利面，或者切蘑菇来做意大利面酱，这些都可以供你们一起体验。

如果某个幼儿的饮食行为让你产生担忧，你可以在正餐和点心环节使用强化图表记录该幼儿每次吃的食物。注意，在采用这种方法之前，你需要告知幼儿和他的父母。此外，收集的内容应该保密，应该将图表张贴在只有相关人员才能看到的地方，而不是贴在每个人都能看到的地方。为了增加成功率，你可以提供幼儿喜欢的食物，让他们选择贴在图表上的贴纸。如果有辅助策略和口头强化的支持，这种方法的成功率会更高。比如，你可以对幼儿说："你吃了一些肉、一些米饭和一个青豆，表现得特别好……"随着幼儿不良习惯的减少，你可以逐渐减少图表以及一系列的口头强化。

（六）情绪和饮食习惯

为了解释新的饮食模式，分析幼儿的家庭状况、分析保育中心的变化所造成的压力情况都是必要的。情绪会极大地改变食欲。幼儿的一些饮食行为是从家庭或其他保育中心可得的，例如，有的幼儿大了却仍用奶瓶喝水，或者有的幼儿只吃面包和意大利面。需要注意的是，磨合期或压力很大的时期不是改变不良饮食行为的好时候。当一切平静下来之后，再去改变幼儿的饮食行为会比较容易。

（七）食物偏好

幼儿和大人一样，对事物都有自己的偏好。例如，球芽甘蓝和牛肝等食物通常不受孩子们的欢迎。食物也需要以能够使人胃口大开的方式来烹饪，比如奶油西蓝花、脆皮花椰菜、酱汁肝块、扁豆肉馅土豆泥等。然而，有些幼儿（包括某些成人）总是拒绝吃某些食物，如萝卜、鱼、番茄、洋葱等。事实上，人们对某些食物的厌恶是真实存在的。

（八）食欲波动

最后，请记住，幼儿的一些消极的饮食行为也可能是暂时的。在 5 岁前，儿童的发育速度很快。这种发育过程存在正常的但可能是突然的高峰和低谷。饮食行为可能会发生很大变动，使得教育工作者难以应对。尽管如此，重要的是仍然要坚持定期为幼儿提供“不受欢迎”的食物，但不要强迫他们吃。有些孩子需要先在他们的盘子里见过几回新食物，才会决定品尝它们。

八、饮食习惯和特殊饮食

为了帮助拥有特定文化背景的儿童更好地融入社会，配餐人员在设计菜单时应注意考虑不同文化背景下的饮食习惯和食材，这一点很重要，整个集体都会因此受益。红薯泥、杧果、不同品种的生菜、皮塔饼、蒸粗麦粉、百吉饼、红芸豆和碎干小麦都会有助于增加食物品种，还可以丰富食物的颜色、质地和口味，从而激发幼儿的好奇心和食欲。

不论是因文化、宗教还是因家庭偏好（不吃猪肉、不吃精制糖等）而产生的食物禁忌，成人都需要认真严肃地加以对待。幼儿园必须与幼儿的父母达成明确的协议，以避免造成任何误解（Betsalel-Presser，1984）。

幼儿的饮食会受到家庭尤其是父母的影响。自己不吃早餐的父母可能察觉不到为幼儿提供早餐的重要性。在这种情况下，幼儿可能会因为父母的示范而拒绝吃早餐（Pimento & Kernested，2004）。

九、暴饮暴食

“这孩子的胃就像个无底洞。”“这孩子真是个小馋猫。”这些是对喜欢食物的孩子的常见评论。这些孩子对食物的兴趣远远超出了他们的实际需求——他们对食物感到兴奋。他们可能会时不时地问一句：什么时候吃饭？在分发食物时，他们可能还会担心自己少拿。他们会迅速吞下面前的所有食物，然后要求再吃一点儿。他们会着魔似的大吃大喝，会有一种无法控制的进食冲动，一种吞下大量食物的强迫性需求。

在父母和教师的帮助下，幼儿可以确立健康的饮食态度。在与这些幼儿分享食物和点心的同时，教师可以帮助他们减少对食物的依赖。“我们必须教给这些幼儿倾听与进食相关的身体信号，让他们意识到自己真正的饥饿感和饱腹感。”（Petit，1997，p.57）。

学会区分对食物的渴望和真正的进食需求，是儿童在很小的时候就要掌握的能力。口头干预可以帮助幼儿意识到自己的身体感觉。比如：“你非常喜欢这种食物，所以你吃得停不下来！”“你的身体有饿的感觉吗？”“你的肚子告诉了你什么？”“你的肚子饿了吗？你的肚子饱了吗？你的肚子还想要吃东西吗？”“你的肚子还能再装下一个苹果吗？”经常使用诸如“你吃饱了吗？”“你吃得满意了吗？”“你把自己喂得饱饱的了吗？”之类的短句是个好的习惯。当孩子们已经吃饱了时，他们要能够描述出自己吃饱了的感觉。对于迷恋进食的幼儿，教师可以采取以下干预措施。

- 教幼儿要饮食适度，不要有负罪感，也不要在幼儿之间做比较。在这样的前提下，可以为幼儿提供折中的方案，例如：“我会留一些给你明天吃，因为我知道你真的很喜欢这种食物。”

- 教幼儿如何选择健康的食物。
- 教幼儿充分品尝食物，并享受细嚼慢咽的乐趣（而不是狼吞虎咽）。
- 教幼儿觉察饥饿和饱腹的生理信号。

即使是幼小的孩子也必须对食物有一定的认识（Petit，1994）。作为教师，我们的职责是鼓励幼儿充分品尝食物，花时间咀嚼食物，解读与饥饿感和饱腹感（抑或吃得太多，如恶心、腹胀、裤子太紧等）相关的身体密码，而不是在不狼吞虎咽或不失控的情况下找到进食的乐趣。要考虑到个体对某些食物的厌恶，也不要忘记体育活动是饥饿的调节器，体育活动应该作为整体健康计划的固有部分。

有的幼儿吃得很多，但并不肥胖，而有的幼儿可能吃得并不多但超重。现有研究发现，吃得太多的幼儿在以后的生活中也可能会出现体重问题。社会问题加剧了儿童的体重问题（Essa,1990）,因为超重的儿童容易被认为是特殊儿童，他们有贬低自己的倾向。他们缺乏敏捷性,在体育活动中经常难以跟上其他儿童，还容易上气不接下气，这导致他们更喜欢安静的游戏。很显然，如果他们成为别人嘲讽的对象，被经常与其他孩子比较，他们的身体形象就会受到影响。

与食物有关的行为不容易发生改变，因为食物与快乐相关。如果成人在儿童年龄小的时候（即成人仍然能够控制孩子的食物摄入量时）就能够关注到这个问题，那么儿童健康饮食的概率就会提高。

> 适度的食物摄入和重质轻量地选择食物以满足身体的需求，这不只是体重和美观的问题，更是健康的问题。

当儿童出现体重问题时，父母、教师以及健康和营养专家组成的团队共同开展合作，最有可能获得成功。

十、餐桌礼仪

心理学家乔维特·布瓦韦尔认为："向儿童展示礼貌的行为有助于促进他们的发展。"（Jovette Boisvert，2000，p.37）想让孩子学会说"谢谢""请""对不起""早上好"等的第一步是成人先为其树立良好的榜样。就培养餐桌礼仪而言，模仿无疑是孩子们强大的学习方式。此外，成人还必须清晰而冷静地告诉孩子们希望他们做什么，例如：咀嚼时闭上嘴、不要将食物从嘴巴里吐回盘子上、说"请"和"谢谢"。有些行为是不应被接受的，如：用果汁吹泡泡、扔食物、玩土豆泥、吐食物、大声打嗝等。同样，在这种情况下，成人需要冷静而坚定地提醒："食物应该放在你的盘子里。""把你的那块苹果嚼碎，然后咽下去。""用你的勺子吃土豆。""当你用嘴发出那样的声音时，你应该说'对不起'。"

根据布瓦韦尔的观点，"学习礼貌的行为并不只需要考虑榜样和指导这两个因素"（Boisvert，2000）。你还需要考虑幼儿的年龄和气质、智力因素、控制情绪上的困难以及对他人的关注等。大约到 3 岁时，孩子们会意识到不礼貌的行为会伤害、激怒他人或使他人感到不安。例如，张大嘴咀嚼可能会让其他人感到恶心，甚至会妨碍别人进食。相反，良好的餐桌礼仪会有助于营造一个积极的饮食环境。在用餐时，教师表扬好的、有礼貌的行为，可以向孩子们展示他们该如何为人处世。这能够鼓励幼儿表现出所期望的行为。吃饭首先应该是一项愉快的活动，因为人们喜欢分享。教孩子养成有礼貌的行为，尊重自己和他人，有助于幼儿的社会性发展。

一般来说，幼儿在 3 岁左右开始学会干净整洁地吃饭。这意味着他们能够将食物放在盘子里、嘴里，而不会洒到地板上、衣服上和桌子上。除了意大利面等容易弄脏衣服的食物，或者汤等容易洒出来的食物，通常 3 岁以上的儿童在吃东西时不会吃得一片狼藉。

有些幼儿因为运动能力或手眼协调的问题而无法整洁地用餐。他们很难准确地操作餐具并将食物送到嘴里。造成这一情况可能的原因是发展滞后，但只有保健专业人员进行深入调查后才能确诊问题所在。一些在整洁用餐方面有困难的幼儿可能会试图引起成人和其他同伴的额外关注。还有一些幼儿同时存在两种类型的困难：运动问题和需要关注。

如前所述，环境对幼儿的饮食有很大影响。当教育工作者小心地分发食物、营造轻松的氛围、小心地摆放餐具时，幼儿就会注意到这些保持整洁的措施。这些行为会鼓励幼儿在餐桌上表现出自己最好的行为。提供易于操作、轻便且不易破碎的餐具和器皿也很重要。同时，餐具应与所提供的食物相匹配。例如，果冻很难从浅平盘里拿出来食用。如果餐具易于抓握，那么幼儿可以自主用餐。最后，切成小块的食物更容易让有运动障碍的幼儿操作。比如，教师如果能将三明治切成四块，那么会更方便幼儿进食。

教师应该为需要学习如何使用特定器具的儿童制订系统的学习计划。与学习其他任何技能一样，学习使用叉子或勺子也需要被认真对待。

十一、食物过敏和食物不耐受

食物过敏会影响 1%~2% 的成人和 5%~8% 的儿童。当某种特定的食物成分被身体视为入侵者时，身体就会发生过敏反应，随后会通过产生抗体来保护自己，从而引发强烈的甚至是致命的过敏反应。引起幼儿过敏的常见食物有花生、坚果、鱼、海鲜、鸡蛋和奶制品。食物不耐受比食物过敏更常见。与食物过敏相比，身体对食物不耐受的反应没有那么严重，因此食物不耐受的危险性更小。食物不耐受是由于身体没有适当的酶来消化某些食物。容易引起不耐受的食物通常包括牛奶和其他乳制品、小麦、玉米、大豆、巧克力、柑橘类水果、猕猴桃、草莓和食用色素等。

抗生素等药物也可能会引起儿童的过敏反应或不耐受。给儿童服用新药时要特别注意，最好由父母在家里第一次尝试使用某种新药，这样他们就可以发现副作用。食物 / 药物过敏或不耐受的临床症状包括：胃肠道问题，如腹胀、腹泻和腹部绞痛；皮肤问题，如皮疹、湿疹、红斑或结痂；以及（最严重的）呼吸困难，通常是哮喘发作或口腔和喉咙肿胀。其他症状包括头痛、易怒和疲劳等。

过敏或不耐受的症状可能会在个体摄入致病食物后立即出现，也可能在24小时内出现。不良反应往往会随着摄入食物的次数增加而加剧。因此，如果以后摄入相同的食物，最初轻微的反应可能会演变成更严重的反应。6岁以下儿童的过敏反应可能更频繁，之后会随着孩子长大而逐渐消失。在家庭成员有过敏史或仍有过敏症的儿童中，过敏症更为常见。不幸的是，个体对花生和海鲜的过敏可能会持续一生。花生和坚果过敏非常普遍，而且它们的影响非常严重，以至于有一名验尸官建议避免食用所有含微量坚果和花生的食品。如果出现过敏反应或食物不耐受，应采取的步骤见专栏4.5。

专栏4.5 食物过敏和食物不耐受时应采取的措施

- 从家长那里获得有关儿童过敏原的准确信息。
- 了解常见的体征和症状。
- 知道要排除哪些食物（包括那些含有“隐藏”过敏原的食物）。
- 熟悉具有同等营养价值的替代品。
- 制定在发生过敏反应时要遵循的程序。
- 在厨房和教室里清楚地张贴幼儿的过敏信息，以便每个人（包括代课教师或志愿者）都能看到。布告上应包括儿童的照片和对应的禁忌食物清单。
- 一定要时刻关注商品上的配料表（巧克力饼干甚至冰棒都可能含有微量的花生）。
- 尽早让幼儿意识到自己有过敏症，并鼓励他告知他人。
- 规定或强烈要求患有严重过敏症的人佩戴医用报警手环。
- 随时知道肾上腺素试剂盒（一种自动注射器）的存放位置，并学会如何使用它。
- 外出（去公园、博物馆等）时，请务必随身携带肾上腺素试剂盒。

十二、窒息危险

儿童很容易窒息，尤其是3岁以下的儿童。每年都有相当数量的2—5岁儿童因为呼吸道被食物或物体阻塞而死于窒息。还有一些儿童则要进行手术以取出卡在食道、喉部或支气管中的物体。做好预防显然是消除此类事故的最佳途径。其中，预防措施之一就是教幼儿如何咀嚼。

有窒息风险的食物包括：圆柱形食物，如热狗或香肠（整条的或切片的——所以记得要将其纵向切片）；整颗葡萄（如果它们很大，那么必须切成两半）；坚硬的食物，如生蔬菜（胡萝卜、花椰菜或西蓝花——上桌前最好先蒸几分钟）；多叶蔬菜（需要切小）；所有类型的坚果；爆米花；大块的肉；硬糖；薯片；葡萄干。注意骨头（尤其是鱼骨）、水果籽、果芯以及苹果核。

用作装饰品的牙签也很危险，为幼儿准备食物时，最好将它们完全去除。

窒息的迹象包括幼儿突然拒绝吞咽、唾液增多、胸痛、呼吸困难或呼吸时有杂音，以及嘴唇或脸色发紫。当幼儿似乎因某物窒息时，首先要仔细观察，如果有哭声或呼吸声，不要采取紧急措施。相反，可以引导幼儿向前弯腰来帮助他咳嗽。不要拍他的背或快速移动他，因为这可能会使物体沿着呼吸道向下移动。重要的是要帮助幼儿保持冷静，并迅速通知急救机构——他们有更好的设备来应对这种情况。

如果呼吸完全停止，并且孩子不能说话或哭泣，或者只能发出高音，那么教师应立即采用海姆立克急救法，见专栏 4.6。

专栏 4.6　海姆立克急救法

- 呼叫紧急服务。请在场的其他成人拨打电话，然后照看好班里的其他孩子。如果有必要，大喊“救命”或派大一点的孩子去找另一名成人。
- 如果孩子意识清醒，请跪在她身后，双臂抱住她的腰。
- 用一只手握拳，放在孩子的肚脐上方，拇指放在腹部。用另一只手抓住你的拳头，快速向上推（按字母 J 的方向运动）。
- 连续推挤，直到异物被排出。
- 请记住，对年龄较小的孩子要使用小一点的力来推挤。
- 一旦操作成功，请咨询健康专家以评估是否还存在进一步的损伤。

◆ 所有教师都必须接受海姆立克急救法培训，以便在需要时采取紧急措施。

【注意】这不是一个完整的急救程序。请查阅你的急救手册以了解更多详情。

十三、营养教育

营养对儿童来说是个热门话题。不管哪个年龄段的孩子都会对食物着迷，因为食物与快乐有关。为什么不在每年和每日的课程计划中给营养教育安排一个比较重要的位置呢？有很多机会可以用来尝试以不同方式研究营养这个话题。

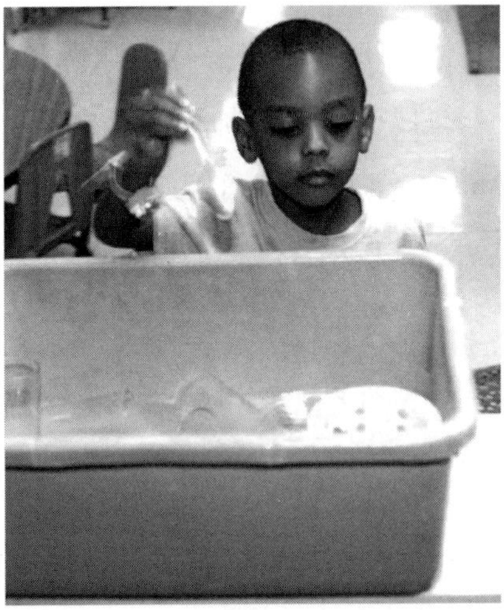

图 4.4

（一）鼓励幼儿在用餐时参与

孩子们通过参与准备饭菜和点心可以学到很多东西（见图 4.4）。“2—12 岁的儿童总是喜欢烹饪活动。”（Petit，1994，p.63）为了在下雨天唤起儿童的积极性，或者在日常安排中增加一些新东西，我们可以让儿童把水果洗干净放在盘子里，或者让他们切分预制面团，然后把切好的面团烤成点心。烹饪活动可以发展儿童的运动能力、自主性和自尊心。专栏 4.7 列出了幼儿可以参与的活动。

专栏 4.7　幼儿可以通过哪些方式为正餐和点心做出贡献

准备食材。

◆ 帮忙洗水果。

◆ 帮忙将水果或蔬菜放在单独的盘子或大浅盘上。

◆ 用小干果装饰盘子。

◆ 给小柑橘等水果剥皮。（可以在果皮上掐一个凹痕，好让孩子们剥。）

◆ 用小水罐将果汁倒入玻璃杯中。一个 500 毫升的塑料杯对幼儿来说更易于使用。

围绕正餐和点心的活动。

- 餐前餐后洗手。
- 在桌子上放置漂亮的桌布或单独的餐具垫。在桌子中间装饰野花或课上做的装饰品。
- 帮忙服务（分发杯子和餐具）。
- 传递某个食物拼盘。
- 从食物柜（边桌）上自助取食。
- 收拾桌子。
- 清理桌子。
- 扫地。
- 将椅子放回原位。

（二）食品意识

孩子们从鲜明的例子中学习良好的生活习惯。除了说教和演讲，好的榜样更能帮助幼儿养成良好的习惯和态度。教师有责任成为良好的榜样。

言行一致并不容易，尤其是在特殊的庆祝活动中，幼儿经常会收到互相矛盾的信息。在这些“特定”场合的菜单上，通常会出现非常甜的甜点、软饮料、巧克力和薯条，这会让孩子们感到困惑。一个 4 岁的幼儿可能会这么想：“老师通过各种活动告诉我，可乐对我的健康不好。然而，今天她却允许我喝可乐，因为今天是一个特殊的日子。她也喝了可乐，看上去她很喜欢喝。我真的不明白为什么。”儿童保育中心由于肩负着教育儿童及关照其家庭的使命，因此，更应不断地努力，为特定场合、庆祝活动和筹款活动等选择健康的食品。

据估计，无论是在家里还是在餐馆，儿童每天都会食用 3~4 种没有营养价值的食物（Petit，1994，p.224）。在不提倡全面禁止这些食品的情况下，保育中心有责任与他们提倡的教育价值观保持一致，这一点必须在任何时候都得到体现，包括在“特殊日子”里。在特殊场合，学龄前儿童（小于 5 岁）可以参与设计菜单的工作。菜单主要由健康食品组成，也可以包括一些零食。

（三）将有关营养的介绍贯穿整个课程

1. 集体活动时段可探讨的食物主题

在保育中心，幼儿每天的用餐时间总共约为 2 小时（午餐环节与 2 次点心环节）。这段时间是与幼儿讨论食物、向他们提问和观察的绝佳机会。在幼儿面前，你所表现出的对食物的好奇为他们打开了通往迷人知识的大门（Petit，1994，p.218）。

在谈论食物和烹饪问题时，注意使用准确的语言。关于营养和食物的儿童读物有很多，你可以去当地图书馆和专业协会寻找相关的参考资料。对于 4 岁及以上的儿童来说，教师可以向他们告知有关食物和食物组成的信息：糖分过多、维生素不足、脂肪过量等。

2. 以食物为主题的专门活动

根据幼儿的兴趣和能力，教师可以从超市传单上剪下各种食物图片来帮助幼儿了解食物。感官探索和简单的烹饪活动也很有趣。有关食物主题的活动，请参见专栏 4.8。

专栏 4.8　以食物为主题的活动创意

- 剪下食物图片，并按类别（奶制品、蔬菜和水果、肉类和肉类替代品、面包和谷类食品以及垃圾食品等）分类。然后把分好类的食物图片张贴出来以引发幼儿的讨论，或把它们放入关于健康食品的个人资料袋中。
- 把食物图片制成装饰品，悬挂在天花板上。
- 制作食物卡片，根据食物的口味、颜色、形状等进行分类，用来进行猜谜游戏。
- 通过在纸板上粘贴食物图像来制作食物拼图。
- 用四组食物和垃圾食品做一个蛇梯游戏（snake-and-ladder game）。
- 用图片或实物示例来描述某种食物，包括：形状、大小、气味、质地、起源、文化、转化、营养价值等。
- 比较同类食物的特征，如各种形状的意大利面、不同类型（全麦、黑麦、燕麦等）的面包或各种类型的苹果。
- 通过气味或味道识别食物。
- 准备自制简单而有营养的食物的食谱，这些食物包括：燕麦饼干、牛奶布丁、水果沙拉、蓝莓松饼、酸奶酱、混合果汁、水果奶昔等。

◆ 做一些园艺工作。种植紫花苜蓿、草本香料作物、豆类或其他易于种植的蔬菜。

【注意】应避免使用食物来开展艺术活动，因为这些活动容易引发儿童浪费食物的行为。这些活动包括使用食物拓印、用意大利面制作项链、用意大利面或豆类制作拼贴画等。

在吃点心和用餐期间，也有很多可以使用五官来探索食物的机会。可以让幼儿描述食物的视觉特征：颜色及深浅程度，性状（熟的、生的、脆的、固体的、液体的、软的、浓稠的），质地（有光泽的、厚实的、光滑的、透明的），形状和体积（大的、小的、圆形的、方形的、棒状的、切片的、椭圆形的、厚的、薄的、长的、短的）。

“它看起来不错”“它让我有食欲了”“你的盘子看起来很漂亮”等话语可以引导幼儿关注桌子上的食物。

以下还有一些建议。

- 利用幼儿对食物的评论来介绍食物的某个新特征：香蕉皮上的褐色斑点、柑橘皮的质地、猕猴桃的小种子、酸奶中的水果等。
- 用有创意的方式提供水果（橙子、苹果）或蔬菜（胡萝卜、花椰菜），如：将它们切成四分之一、薄片、三角形或细条。把苹果或梨切成薄片，展示出星星形状的芯。
- 把食物摆成诸如小人、皇冠、房屋的样子，或做成串串。用饼干模具把三明治、饼干、冷冻食品或果冻压出形状。
- 气味也可以引发无穷无尽的探索活动。尝试识别从厨房散发出来的各种气味。吃东西前闻一闻食物，比较一下气味。发表评论并提出与嗅觉相关的问题：“真好闻呀！它闻起来像什么呢？”“这片面包闻起来和奶酪块的味道不一样。”“这气味是从哪儿来的？”“你闻到从厨房飘来的洋葱味了吗？”“嗯，闻起来像是橘子的味道！谁带来了橘子？”
- 关于食物味道的问题也能够增强幼儿对食物的关注：“什么是甜、咸、辣、苦、酸？”“太咸了？”“太甜了？”“有烧焦的味道吗？”“你在这道菜里尝到了什么调味料？薄荷？蒜？百里香？肉桂？”

- 可以鼓励幼儿体验不同的温度。体验热、温和冷的食物会增强他们的感知能力。进食的过程涉及口腔内的触觉。“这是硬的还是软的？”“你嘴里的冻酸奶尝起来如何？”使用描述性状和质地的术语，如“嫩的”“潮湿的”“块状的”“奶油状的”“厚实的”“有弹性的”“锋利的”“会融化的”“柔软的”“有纤维的”以及“坚硬的”等。
- 听觉在幼儿对食物的感官探索中也占有一席之地。例如，注意食物在被烹饪或食用时发出的声音：“听听你咬饼干时发出的声音。”也可以描述与食物有关的各种声音：炖、炸、泡、煮、咀嚼、啜饮和研磨的声音，以及嘎吱声、流动声等。

3. 作为角色扮演游戏的素材

角色扮演区可以配备一个厨房，并包含各种厨房配件：塑料的仿真食品、空的（但安全的）罐头、塑料罐、真的厨房用具（如意粉钳、木勺、漏勺、压蒜器和蛋糕模具），以及空的食品盒（麦片、大米、意大利面、鸡蛋、松饼混合粉的盒子）。孩子们会非常喜欢餐盘、围裙、烤箱手套、单独的小桌垫、各种塑料容器和食谱插图书。

创设一个真实的杂货店，里面有货架、购物篮或购物车、收银机（玩具或自制的）、游戏币、用来写（或假装写）购物清单的铅笔和纸、食品广告单、价格标签及杂货袋等。幼儿可以扮演收银员或购物者的角色。这是最受幼儿欢迎的自主游戏活动。

4. 实地考察中的教育

可以组织各种参观活动，以促进与食物相关的学习。如在传统的面包店里品尝刚出炉的热面包，在果园、当地农场、果蔬商店或菜市场、超市、餐馆厨房（高峰时段除外）里寻找健康食品。注意要精心准备这些实地考察活动，以确保活动的成功。

5. 其他游戏

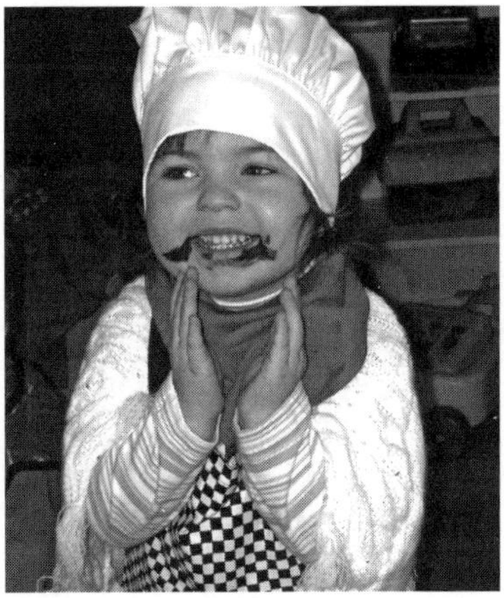

图 4.5

餐厅游戏：只告诉孩子们去玩餐厅游戏是不够的，要真正让他们对这一游戏产生兴趣。在餐桌上布置一些与食物相关的美工内容，好让“顾客”在等待上菜时打发时间。服务员可以接受订单并为顾客服务。结束后，顾客可以用游戏币支付账单。如果你在游戏中表现得非常积极主动，那么你就会激励到孩子们，让每个人都能享受这些体验。你也可以不断进行一些变化，如去意大利餐厅（寻找意大利食物），寻找民族美食或者穿上某些特别的服装去餐厅（见图 4.5）。

扮演海关官员：教育工作者要检查午餐盒，以“检验”花生或其他可能会引起过敏的食物。5 岁幼儿可以试着闭上眼睛吃饭，就像盲人一样：这样孩子们可以把注意力放在其他感官的知觉上。

准备野餐：在房间里准备野餐，假装这里是某个特殊的地方：沙滩、金色麦田、森林边、另一个星球、冬季露营地等。可以使用各种各样的材料（绘画、海报、图片、布料、录音、服装等）来营造出某种特殊的氛围。

歌曲和儿歌：歌曲和儿歌可以用来强调用餐或点心时间要开始了。例如，用《我是一只小茶壶》（*I'm a Little Teapot*）的曲调唱这首歌：

我是一个小苹果，
落在了地上，
鲜嫩多汁，
甜美圆润。
如果你咬我
一大口啊，
你会发现我
非常好吃。

第五章　午睡或休息

本章内容

休息和睡眠是幼儿的基本需求。任何照顾过幼儿的人都知道，每天中午幼儿都会需要一段午睡或休息时间。研究表明，白天上午 11:00 到下午 2:00，凌晨 2:00 至 5:00 之间，人的注意力集中程度普遍会下降。一般来说，幼儿在午饭后会表现出疲劳的迹象。这是幼儿最容易犯困的时候，运动机能和身体机能也会下降（Thirion & Challamel，1999），其症状包括注意力下降、冷漠、易怒和坐立不安。

一、休息和恢复身心的需要

休息是正常的生理需要。不论在哪个年龄段，当睡意来袭时个体都会出现某些表现——反应迟缓、肌肉松弛、打哈欠、叹气、眼睛刺痛、眼睛发红、感觉寒冷、眼神涣散、对噪声的耐受力变低以及食欲不振。行为也会相应受到影响：注意力不集中、缺乏动力、易怒和紧张。由于幼儿在保育中心的日子里充满了各种活动和限制，因此，他们感到疲倦是正常的。通过一整天追踪一个幼儿来评估他必须面对的约束，包括关于集体生活的规则、安全要求、接受的指导和参与的规则、需要收拾的材料、要适应的同伴以及集体运动。还要考虑到，幼儿需要适应保育中心的运作方式，这是一种与家庭不同的方式。例如，有更多的噪声和更多的成人（包括午餐时段以及教师休息时的临时帮工、代课教师等）。所有这些都使得午睡环节变得更加重要。孩子们可以午睡也可以不睡，但安排这段休息时间可以最大限度地减少疲劳累积的影响，让幼儿身心恢复活力。

二、幼儿的睡眠模式

幼儿的睡眠模式因年龄、气质、生物节律、消耗的能量、健康状况和遗传而异。幼儿在很小的时候就表现出睡眠重或轻、早起或晚起的特征。

人类在睡眠状态下循环五个不同的步骤（见表 5.1）。对于幼儿来说，每个周期持续约 90 分钟，并在夜间根据需要重复该周期多次，以获得所需的休息并实现生理和心理的生长功能。

表 5.1 睡眠周期的各个阶段（摘自 Thirion & Challamel，1999）

一	二	三	四	五	中间阶段
睡意来袭阶段，入睡阶段	浅睡眠阶段	慢波和深度睡眠阶段（分泌生长激素）	异相睡眠（做梦）（快速眼动）	浅睡眠阶段	醒来或另一个周期的开始，又开始浅睡眠

与食物和卫生一样，睡眠和休息对儿童的健康也至关重要，有助于儿童的身心平衡，尤其是对记忆力和注意力等心理功能的发展起着促进作用。“教育工作者需要在群体需求与个人需求之间取得平衡”（Pimento & Kernested，2004，p.422）。在睡眠的具体阶段中，儿童的大脑持续承担着基本功能，如产生生长激素（促生长激素）。这种激素能够促进生长并参与受损组织和细胞的修复。在睡眠期间，大脑还记录并组织白天获取的信息，并化解个体白天积累的紧张情绪。“睡眠，良好的睡眠，对大脑的功能至关重要”（Thirion & Challamel，1999，p.13）。总之，睡眠和休息直接关系到儿童的成长和总体发育。

“孩子睡够了吗？”“他今天下午还需要休息吗？”这些是教育工作者和家长经常要问自己的问题。实际上，判断孩子睡眠是否充足的唯一真实指标是他白天的整个状态和醒来的时间。他是否清醒，并且感觉良好？（PROSOM，2006）关于休息也是如此。孩子是否有充足的休息时间来恢复精力并能重新集中注意力？如果不是这样，要寻找原因，并找出解决问题的方法。

幼儿白天的睡眠需求会因年龄、夜间睡眠时长、上午消耗的体力以及他们的总体健康状况而不同。有些幼儿到 4 岁左右就不再午睡了，还有些幼儿直到 6 岁仍然需要午睡片刻（Thirion & Challamel，1999）。一般来说，2—3 岁的幼儿每天需要 14 小时的睡眠，时间段会分布在下午和晚上。4—6 岁的幼儿每天需要大约 12 小时的睡眠，时间段会安排在晚上和午睡时间。10 岁的孩子每天需要 10~11 小时的睡眠，而成人每天的睡眠时间需要减少到 8 小时。注意，这是适用于所有儿童的平均值，而不是严格的规范。

（一）幼儿的午睡时段

当幼儿在午睡时间入睡后，最好让他们至少睡一个 90 分钟的睡眠周期（2 岁幼儿睡 70 分钟）。在理想情况下，应该让孩子们想睡多久就睡多久，然后根据自己的需要醒来。与大多数人的固有观念相反，白天小睡并不会影响夜间睡眠，而午餐后的、持续时间不超过一个周期（或不超过 70~90 分钟）的午睡更是如此（PROSOM，2006）。那些认为取消午睡后幼儿晚上会更早入睡，或者幼儿会在早晨睡得更久的观点是错误的。更有可能发生的情况与之截然相反，那些习惯了白天抗拒睡觉的幼儿，到了晚上也会试图这么做。

（二）不午睡的幼儿

对于学前班儿童来说，即便成人希望他们躺下小睡片刻，他们也不可能在自己的小床上待太久。经过一段合理的休息时间后，可允许不午睡的儿童在教育工作者的监护下安静地玩游戏（最好是在另一个房间进行）。在 3.5—4 岁，大多数幼儿午睡时会睡 1~2 小时。年龄大一点的幼儿会睡得更少或者根本不睡。但是，他们能在此期间学习保持安静，这有助于他们发展专注、倾听和观察技能（Larose，2000）。“学前幼儿，尤其是年龄较大的幼儿，即便不再需要午睡也依旧需要放缓节奏并休息”（Pimento & Kernested，2004，p.422）。

在午睡的前半小时内还没有成功入睡的幼儿通常是不需要睡觉的。对于 4 岁及以上的幼儿来说，这种情况很常见。他们不应该继续待在小床上，尤其是当他们看起来在小床上待得很不舒服的时候。成人最好为他们提供其他休息方式，合理规划不午睡幼儿的休息时间。“只是躺在小床上并不一定会让人得到放松”（Lauzon，1990，p.234）。一些适合儿童的呼吸及舒缓体操练习可能会给他们带来更有效的放松。本章包含了一些游戏创意，能让午睡成为一种积极而宁静的体验。

许多儿童保育中心通常在 12:30—14:00 安排 30~45 分钟的午睡时间，在此期间不睡觉的幼儿静静地躺在他们的小床上。接下来是一段安静的个别化游戏时段——幼儿可以画画、拼拼图、看书。这些都被安排在房间的一个单独区域，如果有其他教育工作者能够提供足够的监护，这些游戏也可以被安排到另一个房间（见图 5.1）。也有一些保育中心每周只给年龄较大的幼儿安排 3 次午睡，分别在一周的第一天、中间和最后一天。这是有道理的，因为孩子们似乎在周一和周五会表现得更累。还有一些儿童保育中心只在这些日子里安排休息。

图 5.1

不能命令幼儿睡觉，也不能强迫幼儿的大脑进入睡眠状态，但适当的条件会有助于睡眠：黑暗，安静，充满关爱的态度，安定、轻柔而坚定的语言指令。“躺下……闭上眼睛睡觉……别动了……”不会让幼儿感到放松，也不要试图将幼儿压在他们的小床上，或飞快地拍他们的后背。

只有对幼儿睡眠和休息有足够的认识，才能充分规划幼儿的午睡时间，并调整态度以引导幼儿达到适宜的放松水平。

在开始下午的正式学习活动之前，先进行一段时间的午休，这对学前儿童有好处。放松和伸展运动可以消除幼儿当天上午积累的一些紧张情绪，让幼儿从中受益，这样他们的注意力水平会得到提高。

三、家长的要求

那些难以让幼儿在晚上入睡的愤怒的家长经常会要求教师取消或缩短午睡时间。在这种情况下，教师应该与家长讨论这个问题，以找到真正尊重幼儿休息需求的方案。家长可以找到一个既尊重幼儿的需求又能够满足自己的折中方案。在小床上休息 30 分钟，然后进行安静的活动，这可能也是个解决办法。一些家长也会要求教师让他们的孩子在午睡时间睡觉，因为孩子前一天晚上睡得很晚或晚上睡得不好。不幸的是，幼儿并不能那么容易地补上他们的睡眠。相反，幼儿白天的整体状况会决定下午是否需要午睡或休息。

家长会告知教师不要在午餐时喂幼儿，以让其在晚餐时更有胃口吗？不会的。家长知道，饥饿时必须吃饭。这是一个简单的健康问题。作为教育工作者，我们的任务是让家长明白，睡眠与吃饭一样重要，而且必须加以调整。

家长和教师必须对不午睡的幼儿在午睡时段的安排达成清楚的共识。如果你判断某个幼儿需要午睡，那么就需要用巧妙的方式向家长传达你让幼儿睡觉的原因。例如："午睡可以提高幼儿的注意力，并在当天剩余的时间里起到调节情绪的作用，这会让家庭晚餐时间过得很愉快。午睡也会降低集体生活中的挫败感。午睡可以避免幼儿精力过度消耗，这通常是引发幼儿晚上睡前情绪不安[①]的原因。"

当幼儿存在入睡问题或夜间睡眠问题时，专栏 5.1 为教师和家长提供了如何规划午睡时间的建议。

专栏 5.1　与家长一起解决睡眠问题的建议

- 当家长晚上安抚孩子入睡有困难时，教师应表现出理解与共情。家长的生活也非常忙碌，就像下面这名有两个孩子的单身母亲的一天。

现在是早上 6:00。玛蒂娜起床了。她匆匆洗了个澡，准备早餐，叫醒孩子。然后，

① 即俗称的孩子"闹觉"。——译者注

她整理床铺，给猫喂食，边吃早饭边鼓励孩子们也去吃早饭。她捡起散落一地的杂物，在离开家之前尽量不要忘记任何东西。她把大孩子送到他的学校，然后把小孩子送到保育中心。在保育中心，她不得不把哭泣的孩子独自留下。她对此感到内疚，但她不得不在拥堵的早晨赶去上班。一天中的大部分时间，她都在承受工作压力。休息期间，她为孩子们预约了牙医。下午4:45，她下班了。在晚高峰半小时的堵车时间里，她考虑着晚饭和家里等着她的每件事。她会去一趟洗衣店和超市，然后去接孩子们。她一边准备晚餐，一边努力听着孩子们说话，当他们之间爆发争吵时，她还要试图让自己保持冷静。然后是吃晚饭和洗一堆碗。她要辅导大孩子做作业，给小的孩子洗澡，还要洗一大堆衣服。她准备让孩子们去睡觉，但当小的孩子拒绝睡觉时，她失去了耐心，又因为女儿的哭泣而感到内疚。最后，她打开了（已经三天未打开的）邮件，收听了语音邮件中的消息。现在是晚上8:30，一天还没有结束。上气不接下气的玛蒂娜多么希望在睡前能有几分钟自己的时间……如果3岁的女儿不再向她要抱抱、要毛绒玩具、要去厕所或提出喝水的请求，那该多好，可是她的女儿已经这样折腾半小时了。玛蒂娜希望不要再发生任何意料之外的事件，因为她已经到了忍无可忍的地步。她想到了她的大孩子两个星期以来一直都在做噩梦。现在是晚上9:30，玛蒂娜回想自己的一天，感到无能为力、上气不接下气。事情并不如她所愿。她还想起来，她得给女儿准备一套在保育中心的换洗衣服。这时，她的大孩子哭着醒过来——他又做了一个噩梦。她花时间安抚孩子，又想起自己还要去填孩子从学校带回来的脑膜炎免疫接种表。最后，玛蒂娜终于上床睡觉了。但她很难入睡，因为她太累了。

显然，这名母亲的职业和家庭生活都要求她承担无数的任务，她承受着很大的压力。无故地指责她晚上不能很好地哄孩子睡觉，只会增加她的无能感，最终可能会导致她不再信任教育工作者。相反，如果她觉得有人在倾听并理解她正在经历的事，她可能会更倾向于考虑另一种观点，即你是在为她的孩子着想。

在睡前会出现的另一个困境是，白天看不到孩子的家长会为此感到内疚，因而会犹豫晚上要不要严格对待孩子。在这种情况下，如果家长感到被理解，他们会更容易接受你的建议，也会更乐意合作。当你表现出积极的态度时，你对家长的帮助会很大。

- 向家长保证，孩子不愿睡觉是正常的现象。大约 2 岁或 3 岁时，幼儿对周围的环境非常好奇。他们意识到即使在他们睡觉时生活仍在继续，他们也不想错过任何东西。噩梦也是在这个年龄段开始出现的，并且可以持续到 8 岁。年龄较小的孩子往往有过度活跃的想象力，因此，对狼、小偷或鬼魂的恐惧会影响他们的睡眠质量。幸运的是，在大多数情况下，这些睡眠问题都是暂时的和轻微的。如有必要，家长可咨询健康专家。在三分之一的儿科咨询中，家长都提到了睡眠问题。然而，在与儿科医生的访谈中发现，只有五分之一的孩子存在真正的睡眠问题（Thirion & Challamel，1999，p.10）。
- 向那些要求你在午睡期间叫醒孩子的家长妥协。如果他们的孩子在 30 分钟或 45 分钟后仍未入睡（这是 4—5 岁幼儿的常见情况），你可以建议他们缩短午睡时间。安静的个人活动（看书、拼拼图、画画等）都可以取代传统的午睡时间。对于不睡觉的学前儿童来说，躺着无所事事的时间似乎漫长得没有尽头，这让他们更加讨厌午睡。所以，强迫幼儿一动不动地躺 30 分钟以上是很残忍的！教师可以为这些幼儿提供适合他们需要的替代活动。
- 向家长解释，安排休息时间不是为了减轻你的责任，而是为了满足孩子的需要。显然，所呈现的事实也应该体现这种说法！
- 家长也许不了解有关睡眠过程的生理知识。你可以向他们推荐一些促进睡眠教育的书籍、网站、宣传单或协会组织，也可以在公告板上发布相关文章，强调午睡时间与儿童健康之间的联系。当幼儿的睡眠困难情况发生时，更好地理解这一主题将有助于减少家长的焦虑感和无助感。帮助幼儿养成健康的睡眠习惯，家长就可以在以后的生活中避免孩子的睡眠问题。
- 家长也不必试图成为睡眠方面的专家，你可以建议家长调整晚上的家庭作息，以确保睡前所需的气氛。让他们了解孩子快要睡着的迹象：打哈欠、揉眼睛等。睡前建议安排平静的活动和亲子交流：在夜晚来临时多给孩子一些关注；睡前 30 分钟关掉电视和电子游戏；给孩子限定 10 分钟，调暗灯光、播放柔和的音乐、洗漱、读读孩子喜欢的放松故事、用柔和的声音说话、让孩子自己穿上睡衣。

> 上床睡觉对孩子来说，就像是在经历与家长的分离。父母可以通过使用安慰物，如一个洋娃娃、一个毛绒玩具、一个小夜灯、一条孩子最喜欢的毯子或床单（孩子经常吸吮），或把门打开一半等，来帮助孩子入睡。只有在医生开具处方的情况下，才可以喂孩子诱导睡眠的药物。一些微温或温热的草本茶可能有助于促进睡眠，但不要太浓，加点蜂蜜能带点甜味。洋甘菊、橙花和菩提树花草茶是最有效的。相反，薄荷具有刺激性。拥有足够睡眠知识的家长通常会自己找到解决孩子睡眠问题（如入睡晚或拒绝睡觉）的方法。

专栏 5.2 是给家长的关于睡前准备工作的建议，你可以把它制成一张清单，张贴在家长公告板上或印在你们的宣传单上。

专栏 5.2　睡前准备工作建议

肯德尔，4 岁。睡前准备工作于晚上 7:25 开始，晚上 8:00 左右结束。

- 在爸爸的帮助下洗澡。
- 穿睡衣。
- 爸爸帮忙刷牙。
- 妈妈到孩子的床上给他读一个放松的故事。
- 爸爸妈妈分别拥抱他。
- 晚安吻。“做个美梦，好孩子！”

西蒙，8 岁。睡前准备工作于晚上 8:00 开始，晚上 8:30 左右结束。

- 单独淋浴（当然，泡澡可能更容易放松）。
- 穿睡衣。
- 自己刷牙。
- 独自在床上阅读让人放松的读物。
- 妈妈给他一个拥抱。
- 闲聊（他们聊了当天发生的一些好事）。

◆ 晚安吻。“好好睡吧，西蒙。我爱你。”

劳拉，30 个月大。睡前准备工作于晚上 7:00 开始，晚上 7:30 左右结束。

◆ 洗澡，和妈妈一起玩水。

◆ 妈妈帮忙刷牙。

◆ 听着舒缓的音乐给孩子进行一些按摩，孩子很享受。

◆ 妈妈抱着孩子，给孩子唱她最喜欢的歌曲。

◆ 将劳拉最喜欢的毛绒玩具放在她的怀里。

◆ 晚安吻。“晚安我的天使，做个好梦。”

【注意】没有必要进行冗长的睡前准备工作。最重要的一点是整个准备工作要在孩子的床上结束，并且父母要在这张床上与孩子共度一段有质量的时光。如果父母能坚持并有规律地做下去，那么睡前准备工作将会是有效的。

四、房间布置

午睡质量比较好的孩子应该安排在靠着墙壁的地方，这样他们就不会因为其他孩子在午睡时间起床而受到干扰。一般来说，如果孩子们总是被安排在同样的位置上午睡，他们会感到更安全。为每个孩子找到一个能帮助他平静下来的最佳位置。可以在房间里贴一张标识小床或垫子位置的安排图，以供所有工作人员查看。一些 4—5 岁的孩子可能会要求换地方午睡，这时你也可以试试安排新的位置。当然，最终的安排最好由你自己判断。没有固定的规则，你需要根据具体情况解决问题。

五、材料和设施

只有正确的观念并不足以让孩子们拥有良好的午睡质量。他们还需要足够的设施，特别是干净舒适的小床或垫子。实际上，为幼儿的午睡准备最优的材料至关重要。每个幼儿都应该有一张柔软的垫子或一张质量良好的小床，这些材料要易于移动且包括一个可清洗的床罩。小床或垫子必须标上使用者（幼儿）的姓名或标记。午睡后，工作人员必须拿走被子，对垫子或小床进行消毒，然后收起来放好，最好放在有单独隔间的壁橱里（见图 5.2）。父母应提供一条能很好地盖住孩子的毯子或床单，这是为了以防万一，可以用于替换床上用品。床上用品需要每周清洗一次——通常由父母清洗——如果弄脏了就需要更频繁地换洗。备用的床上用品必须存放在单独的小房间、篮子或封闭的袋子中，以避免接触幼儿正使用的床上用品。在没有垫子或小床的幼儿园里，大毛巾虽然不是理想的替代品，但还是可以让孩子躺 15 分钟左右。

图 5.2

一把舒适的摇椅也可以用来安抚某个难以平静下来的孩子。

六、准备和实施

从早上起床到午睡的时间（下午 1:00 左右），这一期间孩子们有 6~7 小时的时间进行各种活动。因此，在安排午睡之前，很重要的一点是先分析上午的活动时间表以确保给孩子们预留休息的时间。专栏 5.3 对此提供了一些建议。

专栏 5.3 规划休息活动的建议

◆ 按照固定的时间表开始一天的生活，能够为孩子们提供安全感。教师要确保集体中有着积极的情绪氛围，每个孩子也有着积极的情绪，教师应幽默和温柔。

◆ 在晨间活动中，为幼儿安排他们感兴趣的体育游戏以及户外游戏时间。幼儿需要在适合其发展阶段的安全环境中消耗精力。

◆ 每 60~90 分钟安排一次休息时间。在休息时间，教师可以安排持续 2~10 分钟的短暂活动，让幼儿在一段时间的高度集中注意力后放松一下他们的大脑。幼儿可以坐在桌子旁，把头枕在手臂上，或者练习一些呼吸和伸展运动。这些短暂的休息时间可以让幼儿的身心得到恢复，让幼儿逐渐放松下来，并防止疲劳的不断积累。要知道，过度疲劳是午睡的主要障碍。

◆ 在午餐和午睡之间设置一段过渡时间，玩一些幼儿喜欢的安静游戏或让孩子们安静玩耍。当幼儿坐着吃了 45 分钟的午饭后，他们需要在躺下之前稍微伸展一下双腿。可以安排一些个人卫生活动让幼儿动一动：上厕所、刷牙、洗手、脱鞋。但是，最好尽快完成这些活动，以便幼儿能够受益于最适宜的休息条件。（他们吃喝的需求已经得到了满足，这时他们通常会感到疲倦。）

◆ 制定一个可预测的、稳定的午睡常规。这将有助于营造一种安全的氛围，也是孩子们放松身心所必需的条件。孩子们必须清楚地知道此刻他们被期望做什么：保持安静、上厕所、拿一个最喜欢的毛绒玩具、帮忙放好垫子或小床等。必要时，教师可以用冷静和有说服力的声音提醒幼儿午睡，但不让他们感到内疚。可以张贴图示，让孩子们看到他们需要为午睡做哪些准备。你可以提醒孩子们去看，这样图示会很有用。

◆ 帮助幼儿准备午睡，幼儿入睡可能需要 45 分钟左右的时间。在学年的第一阶段，工作人员可以按照完全相同的方式重复该常规。之后，根据幼儿的接受程度和需要，在午睡时间逐渐加入小的变化。

◆ 可以指导学前儿童在 12:30 或 13:00 左右甚至更早些时候就躺在小床或垫子上准备午睡。遗憾的是，一些保育中心午睡开始的时间太早，大约在中午甚至上午 11:30 就开始了，而没有考虑幼儿是否有了困倦的迹象。

◆ 消除环境中的感官刺激源：光；广播、电视或交通噪声；走动；大声说话（包括成人的声音）；同一个房间里安置的幼儿数量过多；以及家庭式托儿所中存在的家庭噪声。

◆ 在门上放置一个标志，要求来人敲门而不是按门铃。同时，调低电话铃声的音量。

◆ 让幼儿参与到小床或垫子以及床上用品的整理工作中。确保床垫或小床之间留出至少约 60 厘米的个人空间（这也有助于最大限度地减少传染的发生）。尽可能做到每天给幼儿安排相同的位置。当然，孩子们也可以在一些特殊的空间里轮流睡觉，如在桌子底下或在某一个儿童最喜欢的角落。在家庭式托儿所的环境里，教师自己的孩子可能更喜欢睡在自己的房间，而不是公共休息室。

◆ 如果你在家中提供托育服务，那么你必须为婴幼儿找到一个安全的睡眠场所，他们并不适合大床。

◆ 在午饭后和午睡前，让新鲜空气进入房间，以确保房间内良好的空气质量。避免让幼儿吹穿堂风，睡冰冷的地板，以及让风扇直接吹身体。

◆ 在午睡开始时，尊重幼儿的安抚习惯：摇晃、有节奏的动作、捻一束头发、自慰刺激（手淫）、玩手、抱着毛绒玩具等。这些习惯对幼儿来说是健康的，只要它们安全、卫生并且不会打扰其他幼儿就可以。替换物品应易于清洗，并存放在幼儿个人的小隔间中。尽量将这些安慰物——特殊的毯子或玩具——放在中间。如果没有它们，那么孩子们通常会因为压力太大而不能从午睡环节中获益。为了鼓励孩子们尽快准备午睡，教育工作者最好在他们躺上了垫子或小床后，再给他们安慰物。

◆ 建议孩子们根据自己的喜好自行按摩脸、手或脚。教育工作者偶尔可以给幼儿的背部做按摩，但应注意不要将此作为日常工作来做。在按摩幼儿的背部时，要观察其语言和非语言反应，因为在这个时候，孩子的敏感度和被触摸的需要是不同的。有些幼儿不喜欢这种接触，甚至觉得会妨碍他们入睡。最好的方式是帮助幼儿自己放松，而不是在大人的直接干预下让他们入睡。如果你认为有必要通过轻拍来帮助他，请避免蹲着或弯腰，而是要舒服地坐着，背部有支撑，或者让其他 5 岁以上的孩子帮忙。

◆ 注意使用轻柔的动作、低声说话或唱摇篮曲来保持环境的和谐融洽。不要大声说话或为了任何事去责备孩子，与同事闲聊，以免打扰孩子。成人间的闲聊不应出现在儿童保育中心，尤其是在午睡时间。

◆ 在午睡期间，要确保对幼儿进行直接和不断的监护。要达到政府所规定的师幼比。要知道，当紧急情况发生时，一名教师怎么能够从一个房间里一下疏散完 30 名幼儿。

任何时候都要贯彻安全保护措施。这意味着在准备午睡、午睡期间、午睡后起床以及午睡后收纳材料的时候都要如此。如果允许幼儿脱鞋，就要关注可能导致幼儿滑倒的光滑的袜子，还要注意，幼儿的首饰、衣服或毛绒玩具上的装饰纽扣等也存在引起窒息的风险。

◆ 确保幼儿在午睡时有熟悉的教师在场，以帮助幼儿建立安全感。

◆ 针对在午睡时间有干扰因素（过度手淫、入睡困难和过度兴奋）的幼儿，教师可与其他团队成员或家长合作，制定解决方案并共同执行。如果一个幼儿经常在午睡时间打扰他人，那么教师可以让他和另一组幼儿待一会儿。这可能会有助于缓解他的行为问题，同时给教师一个喘息的机会。

◆ 如果可能，你可以躺在某张闲置的小床或垫子上休息片刻，同时要继续监护幼儿。由于每天都要工作 10~11 小时，家庭式托儿所的教师在监护幼儿午睡时有必要休息一下。

◆ 可以利用午睡时间填写孩子们的教育日志，但同时要继续对幼儿进行监护。

与家长沟通幼儿在午睡期间可能出现的问题（紧张、睡眠模式改变、异常哭闹），这一点很重要。了解了这些信息的家长将能够帮助教师一起去探究事件发生的原因，并在家中开展一些后续工作。

七、午睡后起床

午睡后，幼儿需要一段时间才能完全清醒过来，然后开始新的活动。进行一些安静的活动让他们自然醒来会更好。按理说，应该让幼儿按照自己的节奏自己起床。“不要期望所有孩子会在同一时刻睡醒”（Brickman & Taylor，1991，p.138）。有些孩子需要一些帮助才能完全清醒过来，成人可以找到他们的个人物品，将其放在他们的垫子或小床旁。成人如果出于某个正当理由需要唤醒孩子，最好使用温和的言辞和行动逐步进行（见图 5.3）。可以给孩子几个选择——单独起床、接受帮助、从某个特定任务开始——以此获得孩子的配合。

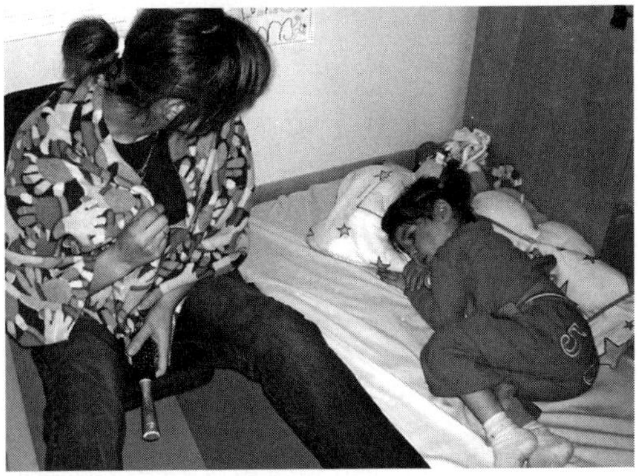

图 5.3

错峰起床的方式可以帮助你单独关注和帮助到每个孩子。但需要注意的是，除非发生特殊情况，否则不要让孩子睡到下午 4:00 以后，因为这可能会影响孩子夜间的睡眠。

八、影响午睡的其他因素

各种外在或内在因素都会影响到幼儿的午睡质量。专栏 5.4 举了一些例子。请花点时间仔细研究它们。

专栏 5.4　影响幼儿午睡质量的因素

- ◆ 经常性使用不好的习惯来诱导幼儿入睡，如需要按摩背部、需要完全安静等。
- ◆ 季节变化（缺乏阳光、温度变化、热或冷）会影响新陈代谢，并间接影响幼儿的睡眠需求。例如，夏季的高温和阳光会减少儿童和成人的睡眠需求（Thirion & Challamel，1999）。

- 对睡眠会产生正面或负面影响的环境条件，如室温、空气质量、舒适度（垫子太小、地板冷、没有毯子）、噪声以及个人空间等。
- 幼儿衣服上的装饰品或填充物让他们感到不舒服，或者衣服太紧。建议家长在午睡时为幼儿选择舒适的衣服。
- 个人气质和遗传特征（攻击性倾向、睡眠浅或深、晚睡或早睡等）。
- 个体经历（垫子或小床与惩罚或遗弃相关，与对黑暗的恐惧相关）。
- 处于入园适应阶段，没有形成出勤规律（这使得幼儿养成午睡习惯比较困难），出现了不熟悉的替代物，身体问题（如鼻塞），因父母离婚或住院而引发的焦虑等。
- 摄入高糖和高脂肪的食物会刺激身体，使身体超负荷，并使消化更加困难。但另一方面，饥饿也可能会影响睡眠和放松。
- 一天中的休息时间和放松时间不足，这会损害幼儿的睡眠节奏。过度疲惫和过分劳累也会破坏幼儿正常的睡眠模式。这就是为什么建议每 90 分钟左右为幼儿安排片刻的休息时间。
- 某些引发躁动的药物（抗生素、支气管扩张剂、消肿剂、止咳糖浆等），无论幼儿是不是在保育中心服用这些药物。如出现此类情况，应及时告知家长，并请家长向医生咨询。重要的是，教育工作者要了解幼儿服用的任何药物的副作用。

有入睡困难、难以放松或休息的孩子需要感受到成人对他们的理解。当面对有入睡困难的孩子时，请换位思考一下，你作为成人也会面临同样的情况。

九、在休息时间引入的游戏

一旦幼儿在保育中心度过了午睡常规的适应期（可能持续几个月），教师就可以通过增加新元素来打破这种单调。当然，这些元素旨在使午睡或休息对所有人都更有效和有益。专栏 5.5 提供了一些建议。

专栏 5.5　帮助幼儿午睡的建议

- 阅读一些有利于午睡的故事书。有些故事书会提出一些创意，这些创意能帮助幼儿产生午睡的想法。
- 在房间的天花板上贴上闪闪发亮的、为每个幼儿定制的星星，让星星在午睡时守护着每个幼儿。星星也可以由幼儿来制作和装饰。
- 如果幼儿在午睡前不能做到安静地听故事，那么教师可以给他两个选择：要么和其他人一起听故事，要么在自己的小床上安静地看书。
- 用球给躺在小床／垫子上的幼儿做一个小小的按摩。要确保按摩效果有助于使幼儿的情绪得到舒缓和平静，而不是受到刺激。但是，有些幼儿不喜欢这种抚触，因此，教师应时刻关注幼儿的反应，并考虑这些反应。
- 建议引导幼儿躺在床上／垫子上进行一些轻微的伸展运动。
- 不要唱歌，但可以轻声哼唱一些旋律。要知道，语言更多的是给幼儿带来刺激，而不是让人平静。
- 播放舒缓的音乐作为背景音乐。如果你要选择磁带中的音乐，那么请选择没有歌词的音乐，因为语言会刺激大脑。要避免选择悲伤或压抑的音乐，可以播放轻柔的音乐，并在 20~30 分钟后停止播放，以免造成耳朵疲劳，即使这时幼儿已经睡着了。保持环境的安静当然更好。不过用收音机听音乐却不是一个好主意，因为它很难控制。最好播放嗡嗡声、自然界里的声音（如流水声或柔和的海浪声）、鸟鸣声或蟋蟀的叫声。
- 可以带个木偶去看看那些安安静静地躺在小床上的幼儿，用木偶轻拍安静的幼儿，这可以鼓励其他幼儿也平静下来。
- 带个手电筒在小床之间来回巡视。注意观察每个孩子，“让他入睡”。
- 即兴创作一个故事，故事中幼儿将自己的垫子／小床变成一列想象中的火车，去迷人而让人心静的地方旅行。
- 用平静的歌曲帮助幼儿醒来。

第六章　穿脱衣服

本章内容

一、设施和组织

二、时间

三、来园离园时、外出时以及回室内时

四、使穿脱衣服更容易的因素

（一）调整服装

（二）调整任务

五、小游戏

穿脱衣服（包括穿外套、解开背心上的纽扣、区分毛衣的里外、戴上手套等），对于成人来说非常简单，而对于 2 岁的孩子来说，却是一项巨大的挑战，他们必须通过系统学习才能完成（见图 6.1）。这一过程需要大量的努力和重复。直到 6—7 岁，孩子们才能在相对较短的时间内轻松地完成穿脱衣服的任务。

图 6.1

在教育机构中，有许多需要幼儿穿衣和脱衣的时段：来园和离园时、户外活动前后、午睡前和午睡后（这里还必须在脱下鞋子后再把鞋子穿上）。这些活动的完成需要幼儿花费大量的时间并集中注意力，对年龄较小的幼儿来说尤其如此。孩子们必须掌握特定的技能才能穿上裤子或袜子、扣上毛衣扣、拉上外套的拉链、分清左右并穿对鞋子、给帽绳打结、穿上围裙等。通过不断重复，他们逐渐学会独立自主地完成上述活动。

在穿脱衣服的过程中，健康、安全以及儿童的幸福感都是成人要关注的问题。同时满足以下几个条件，穿脱衣服的过程会变成一种愉快的日常生活活动。

一、设施和组织

与其他情况一样，更衣空间和使用的材料对穿脱衣服的活动有很大影响。值得注意的是，更衣区的位置、大小和安排很重要。例如，靠近主活动室和室外出口的更衣区可以最大限度地减少等待时间，方便集体行动（等待和集体行动经常是引发幼儿烦躁不安的根源）。如果更衣区是一个拥挤的区域，那么至少需要留有足够的空间让幼儿穿脱衣服，确保不会撞到路过的人。如果不是这样，那就把孩子们的衣服拿进教室（教室里有挂衣服的挂钩），让他们在自己的教室里穿脱衣服（虽然这样可能有点不方便）。一个足够容纳一群孩子和家长的大更衣区是比较理想的，因为这样的更衣区可以让他们从容地完成穿脱衣服的任务。穿靴子或外套也需要一定的空间。此外，在更衣区和户外之间设置一道走廊可以保护幼儿免受极端温度的影响。

更衣区应配备：足够大的独立小隔间，用来晾干湿衣服；便于穿脱鞋子或靴子的长凳或椅子；给婴儿穿脱衣服时用来放婴儿的桌子；以及防滑、易清洁的地板。

孩子们需要个人专用挂钩来方便悬挂外套和其他衣服（见图 6.2），还要有足够的空间来存放靴子或鞋子，以及自己的背包。另外，还需要一个架子来存放帽子、手套等。小隔间通常是孩子们唯一能够存放个人物品的地方。因此，教师应该允许孩子们用图片或图画来装饰他们的小隔间。

个人物品应贴上牢固的标签。教师还要提醒家长检查自己孩子的所有衣服。应该将某个地方（盒子、架子）指定为失物招领区，便于家长查找孩子丢失的物品。在寒冷的月份，家长应该在保育中心为幼儿预留一双鞋子。

图6.2

幼儿园应该使家长能够方便地进出，可以为他们提供鞋套或拖鞋，使他们在下雨或下雪时也可以在教室里走动，而且不会弄湿地板。有些儿童保育中心会直接要求家长穿鞋套。

二、时间

对穿脱衣物的时间把控对这项活动的成功与否有很大影响。如果安排的时间太短，幼儿就会感到有压力、焦虑或觉得自己无能；如果安排的时间太长，那么他们就会变得不耐烦。当然，初学者需要帮助和练习，这都需要一些时间。在理想情况下，幼儿不应为此感到有压力，也无须等待。

为了鼓励合作并最大限度地减少时间浪费，教师要用清晰的语言向幼儿提出关于穿脱衣服的期望。“穿上你的防雪裤，托尼，我来帮你扣上。”“亚历克西娅，我希望你今天把自己的外套挂到正确的钩子上。”提醒幼儿接下来要进行什么活动，也是激励他们的一种方式。“阿迈德，等你穿好衣服，我们就去把三轮脚踏车从棚子里推出来。我需要你的帮助。”孩子们有时会忘记自己为什么必须穿衣服，为了取得他们的配合，教师有必要提醒他们。

三、来园离园时、外出时以及回室内时

当幼儿来园或离园时，请家长协助自己的孩子穿脱衣服，以便教师可以分身去帮助其他幼儿和家长。确认离园时间，也是教师与家长交流的重要内容。家长要清楚地了解保育中心期望他们做什么，以及他们需要在什么时候照顾孩子，这点非常重要。没有什么比当一天结束的时候发生混乱和误解更糟糕的了，因为每个人——家长、教师和孩子们——都已经累了，这时候容易引发矛盾。

对于5岁的幼儿来说，穿脱衣服是一件比较容易的事情。他们的运动技能和日益增长的对自主的需求促进了这项活动，即便他们仍然需要教师的支持来激励和指导他们。在寒冷的天气里，年龄较大的孩子甚至可以帮助年龄较小的孩子穿衣服。必须强调的是，他们的作用不是替年龄较小的孩子穿衣服，而是支持其学习。

如果通道入口处的地板是湿的，那么最好让孩子们在别处换上鞋子，以免浸湿袜子。

在穿脱衣服时，如果附近有盥洗室，那么一部分幼儿也可以去如厕或喝水，这可以分散更衣区的拥挤。而且，当幼儿陆续穿好衣服时，他们就可以在教育工作者的陪同下分批走出去。

在准备去户外游戏时，可以让一些幼儿负责携带材料：球、跳绳、铲子、粉笔等。当幼儿看到这些游戏材料时，他们就会有动力快速穿好衣服。

四、使穿脱衣服更容易的因素

根据幼儿、天气、群体互动等情况，教师可以采取多种形式来开展穿脱衣服的活动。虽然控制所有相关因素不容易，但是有一些因素是可控的。

（一）调整服装

如果衣服是安全的且没有腰带或抽绳，那么幼儿穿脱衣服会更容易、更快捷。如果孩子们穿着高领毛衣而不是戴围巾，穿着尼龙搭扣的靴子和鞋子，并且衣服不会太松或太紧，那么一切都会变得更容易。每个季节都有其特定的衣服：在冬天，帽子可以保护头部免受寒冷，一件轻薄的毛衣可以避免过热和出汗；到了夏天，要为了下雨配备防水靴等。

成人可以穿适合温度且便于活动的衣服来为幼儿树立一个好榜样。如果你自己不戴帽子，就很难要求幼儿戴帽子。请记住，幼儿受行为的影响比受言语的影响更大。另外，如果你穿得暖和，那么你就不会因为自己很冷，而让幼儿早点回室内。

连体衣（如背带工装裤）可能会很难穿。带有弹性腰带的裤子、带拉环或拉链头的拉链，则更容易被幼儿抓握，尼龙搭扣鞋带也能简化幼儿的工作。告知家长哪些服装类型可以简化幼儿穿脱衣服的任务，他们通常都会配合，给幼儿穿实用的衣服。

（二）调整任务

由于脱衣服比穿衣服更容易，因此，成人可以与幼儿一起先专注完成脱衣服的任务。“脱衣服是与穿衣服相关的独立自主的第一阶段。”（Martin，Poulin & Falardeau，1992，p.155）当幼儿刚学习上厕所时，他们有时会喜欢脱上衣，需要有人告知他们只需要脱掉裤子。

每个幼儿都有不同的穿脱衣服的习惯。有些幼儿不习惯做这项任务，因为他们的父母会替他们做。如果把鞋带松开，2 岁的孩子就可以自己脱鞋。但是，他们还不会自己系鞋带，这是他们在 6 岁左右才能完成的任务（见图 6.3）。除了少数个例以外，大部分幼儿在上小学之前能够学会在没人帮助的情况下穿脱衣服。表 6.1 列出了穿脱衣服所需的动作技能，以及大多数幼儿在什么年龄会掌握这些技能。

图 6.3

通过描述要完成的任务来帮助孩子们学习穿衣。你甚至可以将这些话讲得押韵而朗朗上口，从而使它们变得更有吸引力。可以鼓励幼儿先学习配合成人。例如，先把幼儿的手臂放入袖子中，然后让幼儿伸出手臂，这样将袖子套上幼儿的手臂就会变得更容易。指给幼儿看衣服上的拉链，并鼓励她拉上拉链。帮幼儿解开第一粒扣子，然后让他解下一粒扣子，以此类推。幼儿学习穿脱衣服，就像他们学习其他精细动作技能一样——需要重复练习和鼓励。

表 6.1　幼儿完成穿脱衣服任务时所需的动作技能

	穿脱鞋子	穿脱衣服	建议
2 岁幼儿脱衣服比穿衣服容易。	能够在成人的帮助下把脚塞入鞋中。 在鞋带松开的情况下，会自己脱鞋。 能够在没有帮助的情况下脱靴子。	能够找到袖子或裤腿，并将手臂或腿穿入其中。 能够褪下和拉起内裤。 能够在别人的帮助下脱掉衣服。 能够拉起一半拉链。	帮助幼儿认识衣服及其用途。 在扮演游戏中为幼儿提供充足的装扮机会，以帮助幼儿练习拉拉链、将手臂伸入袖子等技能。 允许幼儿反复尝试和出错。 玩游戏：把手臂钻进隧道（袖子）等。
3 岁幼儿的手部动作更精确，日益表现出对独立自主的渴望。	可能仍然会穿错鞋。 能够在没有帮助的情况下穿上靴子。 能够解开鞋带，能解开凉鞋。 能够在没有帮助的情况下穿上带有尼龙搭扣的鞋子。	能够脱衣服。 能够在成人的帮助下穿上毛衣和衬衫。 仍然可能会把衣服内外穿反或前后穿反。 如果纽扣在前面或侧面，就能解开纽扣。 更好地知道穿衣服的顺序。 能够拉开衣服的拉链。	在教授正确的技巧时，要站在幼儿的侧面或背后。 提醒幼儿在戴连指手套之前先穿上外套。 提供游戏材料，让幼儿练习扣扣子的技巧。 给幼儿穿衣服的时间，教授诸如前面、由内向外、穿上、脱下等词语。
4 岁幼儿精细动作技能提高。	开始系鞋带。 能扣凉鞋搭扣。	能够辨别衣服的里面 / 外面和正面 / 背面。 能够穿上简单的衣服。 能够拉起拉链。 可以同时做两件事。例如，说话和脱衣服。 能够扣紧尼龙搭扣。	介绍打结和系带游戏。
5 岁幼儿穿衣速度和精度都有提高。	大多数时候都能穿对左右脚。	能很好地穿脱衣服。 能够完全拉上拉链。	鼓励孩子们互相帮助。（假设双方都同意！）
6 岁及以上幼儿能够轻松地穿衣服。	能系鞋带。能够区分左右鞋。	能够更快地完成穿衣任务。但仍然需要成人的帮助才能扣上位于颈部、手腕和背部的纽扣。	

五、小游戏

【注意】这些小游戏应能激励幼儿穿衣服，而不是分散他们的注意力。

- 提出挑战。“今天你能自己穿靴子吗？”“你记得在哪里挂你的外套吗？”“你自己能做吗？”
- 玩“西蒙说”的游戏。“西蒙说，穿上靴子，戴上手套。”
- 玩颜色游戏。“穿上一件蓝色的衣服。”“穿上一件有图案的衣服。”
- 在幼儿穿好衣服或脱完衣服后奖励他们。例如，给他们一个贴纸或在他们的手上盖章。记住不要惩罚速度较慢的孩子。每个穿好衣服的幼儿都应该得到奖励。
- 张贴衣服的图片或照片，特别是在天气寒冷、有很多衣服要穿的时候，如毛衣、防雪裤、靴子、帽子、围巾、外套、手套等（见图 6.4）。

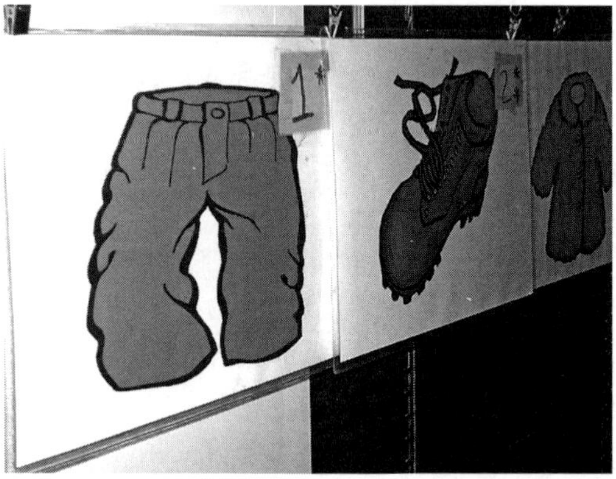

图 6.4

- 描述每个幼儿正在做什么。“我看到纳迪亚穿上了她的外套。我还看到了曼努埃尔，他已经准备好要出门了。”
- 通过唱歌的方式来提醒幼儿记得所穿衣服的名称和顺序。
- 如果你生活在气候寒冷的地方，那么在下雪天回到室内之前，你可以组织幼儿先跳一段“摇摆舞”来抖掉衣服上的雪。
- 为穿好衣服的幼儿准备一些小游戏，这样他们在等待他人的时候就有事可做。你可以先让他们靠墙坐下，然后再分发游戏材料。

第七章　整理和打扫卫生

本章内容

所有幼儿教师都会认同：整理和打扫卫生不是孩子们最喜欢的活动。一些教师甚至害怕整理和打扫卫生时间。孩子们会变得浮躁而没有条理，失去之前游戏时所展现的和谐。在幼儿教育机构中，这些日常活动每天都要进行很多次，而且非常耗时。关键是要想办法把它们转变成令人满意的过渡环节。我们有必要了解整理和打扫卫生所蕴含的挑战，以便将其转化为对幼儿和教师都有益的活动。

一个好的幼儿教育机构的秘诀之一就是组织有效的整理过渡环节。这通常需要一些思考和多次尝试，以找到安排和存放设施及材料的最佳方案。无论这些设施和材料每天被使用还是偶尔被使用。

第一步是设计一个有效的材料收纳和检索系统，同时鼓励幼儿自主（程度应与其发展水平相适宜）。第二步是必须灵活实施该系统，以最大限度地减少整理和打扫工作本身的压力。教师的某些行为可能会影响任务的顺利完成，如：要求幼儿加快速度以满足课程要求，在维持纪律上花费大量的精力和时间，在遇到困难时变得不耐烦，对某件事情不屑一顾。采用灵活的时间表，额外留出几分钟用于整理和打扫卫生，从而促进平稳的过渡。这也展示了好好完成任务以及整理工作对整个集体的重要性。将这项任务以一种游戏的形式介绍给孩子们，会让这一过渡环节变得更容易，还能让孩子们掌握有价值的技能。

在评估完收纳需求后，你就可以制订一个适合自己的行动计划，组织一个安全高效的收纳空间，这需要创造力。在住家式托儿所中，教师还需要巧妙地防止储存的材料在夜间和周末影响家庭成员起居。你可以采用以下方式：把收纳箱放在沙发后面，把垫子堆在壁橱上面，使用可移动的容器，在远离入口衣橱的地方设置一个更衣区等。在幼儿教育机构中，可能只有一个房间可以用于幼儿保育，缺乏收纳空间可能是一个严重的问题。教师需要采用收纳策略来优化每天的整理时间。

一、实用的收纳系统

整理和打扫卫生活动的效果最终要取决于这些活动发生的区域以及使用的

材料类型。整理和打扫卫生活动的障碍包括：过小的游戏区、户外游戏时遥不可及的收纳空间或难以维护的家具设施。由于保育中心的教育质量在很大程度上取决于组织水平和收纳水平，因此，创造良好的日常生活条件就至关重要。

（一）区域和设施

区域的设置必须有利于保持整洁：要有用于存放幼儿衣服和个人物品的小隔间和挂钩（在第六章中讨论过）；带可移动搁板的橱柜；靠墙放置或用作间隔的矮柜；以及带脚轮的储物格［方便把它们从一个房间推到另一个房间（但脚轮应带有锁定装置，以防止储物格意外移动）］。任何带有隔间和抽屉的移动收纳设备（如带抽屉的坚固且可堆叠的塑料收纳盒）都非常有用（见图 7.1）。对于语言活动来说，有用的收纳方案有：与幼儿差不多高的图书展示架、透明的塑料袋（里面可以放入小雕像）以及钉在墙上用来固定木偶的尼龙搭扣。对于美术活动来说，重要的是要有一个干燥区、一个存放未完成作品的地方以及一个纸张回收箱。

图 7.1

家庭式托儿所或保育中心等幼儿教育机构可能需要照顾不同年龄段的幼儿，因此，必须为处于不同发展阶段的幼儿安排合适的游戏材料。

如果选择使用玩具箱，请预先拆下箱子上的铰链，以防幼儿的手指被夹到。箱子和柜子都不能太深或太浅，如果它们很浅，那么孩子们在找玩具时就不会试图把里面的玩具翻出来。无盖的洗衣粉盒子是存放杂志和册子的理想之选，可用于剪贴和拼贴画活动。塑料网筐和洗衣篮可以让孩子们容易看到里面的东西。但是，幼儿的手指或手可能会卡在网格中，因此，请谨慎选择塑料网筐。网格口必须大到足以让手指穿过而不会被卡住，并且小到足以防止整只手穿过。在幼儿教育机构中，空间和设施必须在各个方面都是安全的。记住，幼儿的身体健康最重要。专栏 7.1 列出了挑选物品和收纳时需要考虑的一些要素。

专栏 7.1　收纳需要考虑的基本要素

- 安全的游戏材料，便于幼儿操作。
- 材料易于拿到，无须频繁弯腰或伸手去够。
- 置物架坚固且有清晰的标记。
- 和幼儿的高度一致的搁板和挂钩。
- 幼儿可轻松移动的椅子。
- 易于打开的橱柜和抽屉，使用标签以明确地标识其收纳的材料。
- 无孔透明的塑料容器，易于搬运、打开和移动，且里面存放的物品易于辨认。
- 易于清洁的容器、小方格和收纳设施（是的，它们必须经常进行清洁）。
- 除非有成人的密切监督，否则危险、易碎和昂贵的材料应存放在幼儿接触不到的地方。
- 计算机耗材和光盘应被存放在安全之处并注意防尘。

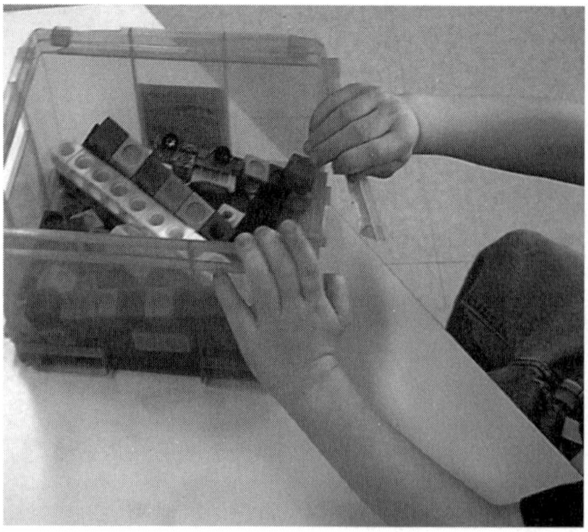

图 7.2

一个有条理的收纳系统可以延长材料的使用寿命，还可以让幼儿能够主动安排自己的游戏材料（见图 7.2）。如果孩子们能够很容易地找到自己想要的桌面游戏材料，能够很容易地推出三轮自行车，或者能够找到自己需要的画纸，那么他们的需要就能被满足，他们的自主性也会增加。为了确保幼儿在游戏过程中正确存取所使用的材料，教师要鼓励他们去寻找、移动、使用材料并将其放回原位。一个精心设计的环境能培养幼儿的胜任感，并帮助他们承担责任，这是幼儿的自尊心得以发展的基本要素。

> 一间合理规划的教室，能够鼓励孩子们进行整理，并帮助教师获得对集体的掌控感，也有助于为所有人建立一个安全而舒适的环境。

很明显，将类似的材料分组收纳在同一区域是符合逻辑的：将积木收归在积木区，将书籍收归在阅读区，将美术材料收归在美工区。然而，在民主教育法的背景下，一种材料会有多种用途（例如，美工区和小厨房都会用到橡皮泥），这时将各种类型的材料存放在一起可能会更好。某些材料（如带孔小珠、草绳条和毛线绳）具有相同的作用，教师可以把它们放在同一个架子上，幼儿可能会受到启发用其制作项链和手镯。相反，如果这些材料分散在教室各处，那么幼儿就不太可能联想到新的游戏，特别是当它们被存放在看不见也够不着的地方时。考虑以下几点：如果你把一些关于多元文化主题的绘本放在少数民族歌曲的唱片附近，材料间产生的新联系就可能会促使幼儿去听音乐，因为这些音乐与视觉元素有关。通过简单地更改材料的摆放方式，幼儿的创造力往往就会被激发出来。

日常整理是提高幼儿对环境中的物品和设施的认知程度的最佳机会。最为重要的是，避免在架子上堆积材料以及将物品混在盒子里。例如，如果孩子们看到所有的装扮区道具都堆成了一堆，他们就很难辨认出它们，也不会有兴趣用它们玩游戏。另一个常见的问题是桌椅太拥挤或地板上堆满杂物，没有活动空间。注意应将这些材料收纳在适当的地方，并在需要的时候取出（见图 7.3）。

图 7.3

（二）让幼儿一起帮忙

对于孩子来说，整理和打扫往往意味着游戏的结束，这也许是非常令人沮丧的。让孩子们对这些任务感兴趣对教师来说是一个重要的挑战。教师应利用这个机会让孩子们意识到拥有一个整洁的空间的好处。常规的整理活动应当能够帮助幼儿获得对材料和设施负责任的态度，这种态度应与幼儿的发展水平相一致。例如，你可以鼓励孩子们报告任何丢失或损坏的材料。你也可以强调不整洁的坏处（如：很难找到游戏材料，丢失拼图块从而没法完成拼图，到处乱放的书会造成图书的损坏，留在地板上的材料或食物残渣会带来摔跤的风险，地板上的食物残渣还会滋生细菌且对健康造成危害）。有时，你也可以讲一个有趣的故事来提高幼儿对整理和打扫卫生的意识水平。但要记住，孩子们是一点点地体会到打扫卫生的好处的。最重要的是，成人树立的榜样在幼儿的学习中起着重要的作用。这些范例必须前后一致且对孩子们来说具有说服力，这样才能有效。

孩子们必须知道使用材料的规则以及不遵守这些规则的后果。在儿童保育中心，教师可以与幼儿一起制定和实施规则。

（三）整理户外空间

同室内收纳设施一样，室外收纳设施也应该进行有策略地管理。应好好地进行规划与归纳整理，以便在一天结束时能将室外材料都存入棚内或带回室内。注意，要有便于进入的、可移动的仓库或棚屋，它们应能保护材料免受恶劣天气的影响并防止材料被窃。沙池应配有坚固的、防风雨的遮盖物，以最大限度地降低沙池的损坏程度，减少维护。带轮子的手推车便于幼儿搬运和存放游戏材料。科学的规划将减轻户外游戏时教师的沉重负担，并使整个整理过程更加愉快。

整理户外和维护院子是向孩子们介绍环境保护和生态问题的两个绝佳机会。照顾某棵树，把垃圾扔进垃圾桶，用耙子把枯叶收集起来并覆盖在树的根部，这些任务都会让孩子们学到爱护环境的方法。

在任何时候都必须优先考虑户外游戏区的安全。请查阅有关户外安全的相应规定。

（四）贴标签

一个有效的分类系统有助于实现可视化管理，对容器、盒子、箱子以及房间的所有区域（科学区、桌面游戏材料架等）的分类都是如此。有效的标签是有吸引力的、明确的、安全的、持久的。它们可以是图片、简笔画、插图、目录或传单上剪下的图、所存物品的标记或符号等。它们可以帮助孩子们识别实际物品必须存放在哪里。对于刚认字的幼儿来说，在容器上写一个简单的单词可能就足够了。对于年龄很小的幼儿，将物体粘在储物盒上（例如，在水彩笔盒上固定一支水彩笔）是识别和分类材料最简单的方法。当学前幼儿对字母和单词表现出兴趣时，教师可以在对应的图片旁边写上物品的名称，以此激发他们的好奇心。

游戏材料丢失是儿童保育中心的常见问题，为此可以对游戏材料进行分类。例如，在拼图的背面用彩色圆点对每块拼图进行编码。这种方法可以帮助孩子们将该拼图的所有小块都收入适当的盒子中。如果拼图缺少一块，就在缺少的那块的底板上画一个“×”，以避免无用的寻找。

二、打扫卫生

如果系统收纳是健康和谐的幼儿教育机构的主要特征之一，那么打扫卫生也起着同样重要的作用。虽然打造无菌的环境不是我们的目标，但教师仍然有必要像做好收纳一样仔细打扫卫生。

没有什么能代替肥皂和水来清洁物体表面和去除微生物。但是，清理后必须对物品进行消毒。儿童保育中心通常会明确说明有关消毒的指导方针。但显然，孩子们不能参与其中，因为这涉及危险的化学清洁产品。但是，孩子们可以有机会参与其他打扫卫生的任务。

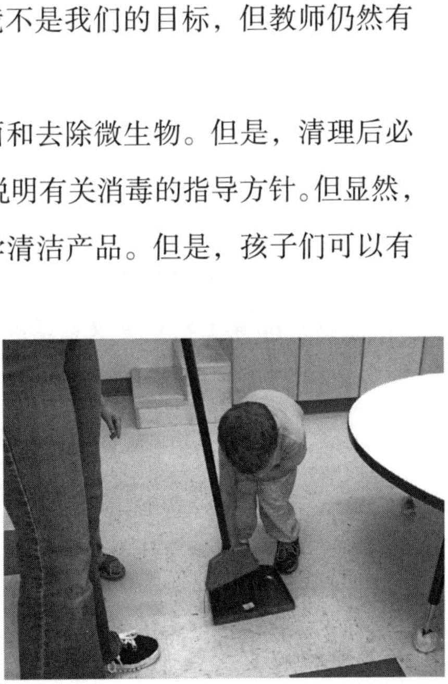

图 7.4

哪个孩子会不喜欢午饭后擦桌子或洗水槽里的画笔呢？这些任务一转眼就会变成一场吸引人的玩水游戏。那么，裁纸后的扫地任务或做饭后的洗碗任务同样如此（见图 7.4）。孩子们会为完成成人的工作而感到自豪，尤其是当你特意感谢他们并强调他们的行为的重要性时。“在孩子们看来，这些能让他们获得满足感的任务，在经教师强调对整个集体的作用以后，会让他们获得更大的价值感。”（Hendrick，1988，p.237）

许多任务都需要几名幼儿合作完成，这有助于增强他们的社交能力。例如，一个幼儿用扫帚扫碎纸，另一个幼儿拿着簸箕配合。或者一个幼儿在娃娃家的小厨房里洗盘子，而另一个幼儿则负责把盘子擦干。

以黏土为例，它经常会使桌子和地板上满是碎屑和颗粒。在幼儿脱下围裙离开之前，他们可以将黏土放入容器中，然后用纸巾或工具清除手上、桌子上残留的黏土，这有助于避免堵塞排水管。再用肥皂水清洗桌子并擦干，就能完成打扫工作，然后洗手参加下一项活动。

和黏土活动一样，手指画通常会受到幼儿的热烈欢迎。为什么不让他们玩呢？无论是用商业颜料、自制配料、玉米淀粉和水的混合物，还是剃须膏，幼儿都可以直接在桌子上完成手指画，他们很喜欢这样。结束玩耍后，以与清洁黏土相同的方式清洁双手和桌面。用纸巾擦掉多余的颜料，这个操作明确宣告了活动的结束。它还缩短了洗手时间和整个的打扫时间，并且易于排水晾干。当孩子们在水池边洗手（如果水池离得太远，那么幼儿可以在水桶里洗）时，你还可以把桌子擦洗完。

教师每天都要清理几次桌子（吃点心之前和之后，或者活动后桌子被弄脏时），通常，会使用化学清洁剂来擦拭桌子。

> 在清洗桌子时，为防止清洁喷雾飘到幼儿身上，请将消毒剂直接喷洒在抹布上。应防止幼儿吸入溅出的、看不见的化学物质或以其他方式与之接触。保障幼儿健康是幼儿教师的责任。

三、如何鼓励幼儿整理和打扫卫生

重要的是，要利用一切方式、方法，让整理和打扫任务变得简单且愉快。除了采用有效的收纳系统和房间布置之外，教师还应帮助幼儿掌握相应技能，以便幼儿能够参与这样的过渡环节。本节将重点介绍教师应如何通过干预、行为以及语言来提高整理和打扫活动的水平。

（一）规划游戏材料的展示

我们也许会认为，展示大量的玩具会增加幼儿的兴趣。然而，事实并非如此。当面对的游戏材料过多或者材料展示无序的时候，孩子们往往会感到困惑。他们可能很难找到他们想要的东西并完成他们的游戏。与其关注材料的数量，不如关注材料的多样性，以及材料与幼儿的兴趣和能力的相关性。以极具吸引力的方式展示玩具，才能让幼儿有机会做出选择。

为了引发高质量的游戏而日复一日地把所有材料都拿出来，这是没用的。孩子们喜欢新奇的事物，因此，经常更换玩具能让他们保持兴趣。此外，班级之间交换游戏材料或从玩具库借材料都能给孩子们的游戏带来变化，而不会因为游戏材料过多而使本来有限的空间更加拥挤。

（二）合乎实际的期望

尽管整理和打扫卫生的活动可以是令人愉快的，但它们仍然是成人强加给孩子的任务。到了打扫或整理的时间，幼儿通常不会主动说他们想打扫；相反，他们会表现出继续玩的愿望。不要指望孩子们自发地表现出极大的热情，如果任务本身令人沮丧，那就更不可能了。对他们来说，不喜欢整理或打扫是正常的，因为他们不理解这项活动的原因。理解能力与智力成熟的阶段相关。例如，4 岁以上的幼儿比不满 4 岁的幼儿对时间和饥饿有更好的认识，所以他们会快速地进行打扫和洗手，这样他们就可以吃东西了。

> 在成人的坚持和机智应对下，经过反复体验，幼儿就会领悟到整理和打扫卫生活动的目的。

幼儿都会经历一个正常的强调自我的阶段。当他们处于这个阶段时，以专制和教条的方式开展整理活动肯定会导致无意义的抵抗，教师最好使用策略性的方法。例如：可以让幼儿在两件要收纳的物品之间进行选择；或者将任务设定为某项个人挑战；考虑到幼儿可能会抗拒，教师也可以用巧妙的手段引导其完成所要求的任务。

2岁的孩子是天生的“搬运工”，他们喜欢把物体从一个地方搬到另一个地方。利用这一特点，成人可以适当地设计收纳游戏，而不仅仅任由幼儿把材料搬来搬去。有了合理的预期，你就可以在整理和打扫卫生的过渡环节营造出轻松的氛围。即便这些活动不受大多数幼儿的欢迎。

对幼儿的能力和动机水平抱有现实的期望，也意味着要考虑各种因素。例如，白天孩子们不同的精力水平，幼儿生命中的某个关键期，新来幼儿的适应期，2岁幼儿的逆反期，8岁儿童对争辩的需求，即将到来的假期以及那些每个人似乎都焦躁不安或心情不好的日子。

适应环境的能力是幼儿教育专业人员所需要的最重要的能力之一。

虽然最好不要过于频繁地重复指令，但对幼儿在教育机构中学习人生的必要规则来说，重复指令仍是必不可少的。尽管如此，伴随着冗长的解释、指责、比较和威胁的专制性命令是有害的。为了不断激活幼儿的大脑，让他们知道在打扫卫生时需要做什么，教师应使用适宜幼儿发展水平的方法，让他们在快乐中学习，产生积极的感受。整理工作必须变成一种游戏，而不是一件苦差事（见专栏7.2）。

专栏7.2　帮助儿童参与整理和打扫活动的方法

- 发起简短的活动，以短暂的整理来实现过渡。儿童会感到成功和骄傲。（2岁和3岁儿童）
- 让儿童找到解决自身问题的方法，包括：不感兴趣、注意力不集中等。（5岁及以上儿童）
- 在某些情况下，使用幽默的方法给集体带来惊喜。“木工区需要帮助！”（所有年龄段儿童）
- 把责任交给儿童，让他们觉得自己长大了。（3—8岁儿童）
- 以点名的方式来鼓励儿童打扫卫生。（所有年龄段儿童）
- 让儿童制作一张海报，用图片或文字提醒他们弄脏环境后的清理步骤。（5—8岁儿童）

◆ 对于一个只需要5分钟的活动，打扫时间不要超过5分钟。知道了这一点后，当你看到孩子们对某项活动只有5分钟的兴趣时，不要为此感到沮丧。这尤其适用于那些喜欢简短活动的儿童，因此，打扫卫生的时间不能太长。

有的幼儿对整理活动缺乏兴趣，为了应对这一点，教师要在整理活动开始时就关注他，并提问，如："安东尼娅，你会先把哪个角色的衣服收起来？""要把积木放回原处，你想让我们怎么做？数数积木，还是来当摄影师？""看看这个抽屉，亚历山德拉，你能看出来里面应该放什么吗？"有注意力障碍的幼儿经常迷失在自己的想象世界中，他们需要一点帮助来走出这个世界，然后才会开始把个人物品或玩具材料收起来。有耐心是指导这些孩子完成整理活动的准则。这需要花费精力和时间，但非常值得。

你的方法必须切合实际。这意味着你要理解幼儿的观点，学会透过幼儿的眼睛看问题。这也意味着要考虑到儿童的发展阶段、性格、家庭背景等。采用切合实际的方法将有助于避免整理或打扫时可能出现的困难。

（三）促进学习

尽管不受幼儿欢迎，但整理和打扫卫生活动仍可以为幼儿的发展提供宝贵的机会。在社会情感发展领域，幼儿可以学会爱护环境、爱惜材料、变得有责任感，尤其是互相帮助。为了有意识地促进这种发展，你可以对幼儿这样说："谁愿意帮助吉娜把珠子放回盒子里？""谢谢你，贾马尔，谢谢你在积木区帮助了菲奥娜。""安娜，我看你把铅笔放回盒子里了，这样很好。""帕斯卡尔，你忘了什么？"

对物品进行整理和分类、清点它们的数量、找到适当的位置、在空间中定位物品以及解读标签上的符号，这些都是促进认知发展的练习，也考验着诸如空间组织、排序、推理和问题解决等技能。要求幼儿通过匹配盒子与架子上的符号来存放玩具，或者要求他们根据功能（如表演道具）、颜色（教室角落里的蓝色容器）或大小（小块、大块等）对材料和玩具进行分组整理，可以提升幼儿的分类能力和记忆水平。

在动作发展领域，可以通过洗画笔、合上盖子、拧上印章盖子并放入盒子、把床上用品折叠起来并将其放入小格子等活动来提高精细动作技能。

在语言交流发展方面，可以通过正确识别物体、使用新词语、幼儿之间或幼儿与教师之间进行口语交流、玩扮演游戏和唱歌等来促进幼儿的语言发展。

成功会增强幼儿的自尊心，而自尊是情感发展的一部分。对于2—3岁的幼儿，不要害怕重复。通过重复特定的经历、相同的过程，这个年龄段的幼儿会逐渐变得更加自信。这将有助于下一次整理活动的顺利开展。如果幼儿厌倦了重复相同的打扫游戏，他们一定会有所表现。

幼儿教师需要利用一切机会锻炼幼儿的整理能力。除了游戏结束后的打扫活动之外，还要鼓励幼儿完成与日常生活相关的整理和打扫卫生的任务（如吃完点心后放好空杯子，把午睡垫放进壁橱或在户外吃点心之前清扫庭院地面等），以及与特别活动和户外游戏相关的整理与打扫任务。

> 整理活动是促进幼儿全面发展的黄金机会。教师有责任去探索这些机会。

（四）预先提醒

当幼儿事先被告知要进行整理或打扫卫生时，他们更有可能做出积极的反应。如果你在活动结束前几分钟向他们发出提醒，他们就会自然地准备开始下一项活动并着手整理。除了做出简单的口头指示“该打扫卫生了”（幼儿最终可能会对此置若罔闻），给出视觉信号（闪烁的灯光、手势）或者听觉信号（一首歌、三角铁的敲击声、悦耳的音乐等）也是宣布整理时间开始的有效方法。大一点的幼儿知道如何看时间，教师可以告诉他们，当时钟的分针走到某个特定的数字时，整理时间就开始了。当活动结束、要开始打扫和整理时，提醒一下此刻忘记该做什么的幼儿：“路易斯，你吃完饭后需要做什么？是的，就是这样。你需要倒空你的盘子，并把它放到手推车上”。

（五）管理时间

限制时间会增加幼儿的压力水平。应安排足够的时间从容地开展过渡环节，并体现出灵活性。良好的时间管理将确保成功的体验。很明显，在一些教育机构中孩子们受到了来自时间表的压力，其目的主要是满足教师的需要。这里有三个例子：让幼儿匆忙地准备好午睡，这样教师就可以休息了；匆忙地把户外材料收起来，以方便交给下一名教师；不做会造成脏乱的活动，因为它需要更长时间的打扫。

在儿童保育中心，时间管理更为严格，因为房间被安排用于各种用途（例如，一组必须及时腾出房间供另一组使用）。相应的，教师也必须制订严格的打扫计划。

> 在计划时间表时，优先考虑幼儿的需要，其次才是教师的便利。

（六）提供正强化

一个建设性的评论（“那些正在迅速收玩具的孩子们，真棒！”），一个微笑或一个赞赏的眼神，通常都能让幼儿明白你认可他们的行为，这通常也正是孩子们所需要的。教师也没有必要在每次孩子们很好地履行打扫卫生的职责时都对他们大加赞扬。要把赞美留给真正值得赞美的情况，从而帮助幼儿区分不同程度的成就。

> 通常，简单地描述孩子们正在做的事情就足以鼓励他们。“斯蒂芬，我发现你能把画笔洗得很好。”“很好，你把靴子放在了正确的地方。”“在干净的桌子上玩真有趣！”

如果你仔细观察幼儿执行任务，你将能够以个性化的方式描述他们的行为。“菲利普，你还记得怎么把书架上的书放好。你的记性真好！”

最好鼓励幼儿超越自己过去的表现，打破自己的纪录，而不是拿他们和同伴相比较。“我打赌你会比昨天整理得更快。”“杰西，我知道你能读懂书架上的标签，并能把书放回原处”。

如果幼儿表现出缺乏兴趣、动力或注意力，或者表现得有些笨拙，请靠近他并尝试为他提供动力。让幼儿做一些容易的事情，而且你要确保任务能够完成。“这个拼图少了两块。看看桌子下面，找找看它们是不是掉在那儿了。”“让我看看，你知道如何把这些积木放在正确的盒子里吗？”“我请你负责清理这部分地板。谢谢！”“为了更快找到小汽车，你会怎样把小汽车收起来呢？”

（七）让幼儿承担后果

即使幼儿弄得一团糟，比如弄洒了一杯牛奶，在盥洗室里玩水，把黏土掉在地板上，或者把颜料涂在自己脸上，也不要责骂他。相反，可以要求其参与到清理活动中。从错误中学习比口头指责和羞辱更有效。在民主教育法的背景下，纪律教育的重点是纠正错误，而不是惩罚。行为的自然后果可以是积极的。例如，把玩具放到正确的位置，可以让孩子很容易找到它，使得玩这个玩具的时间变长。

（八）积极主动

通过积极地亲自参与打扫卫生的活动，你给幼儿树立了一个具体的榜样，并鼓励他们按照同样的方式去做。通过帮助幼儿，你也可以逐步给他们灌输合作的理念。“你需要我帮你收拾桌子吗？”虽然第一次要求孩子们打扫时，他们可能会沉默不语，但在观察到成人的具体行为后，他们通常会自愿参与其中。协作整理为孩子们提供了谈论之前活动所发生的事情的机会，这些事情包括他们的乐趣、他们解决的冲突或者他们参与的分享等，这也是一种奖励。

（九）鼓励随手整理

在某些情况下，当孩子们从一个活动转到另一个活动时，引导他们随手收拾东西是减轻后面烦琐的集中整理工作的好方法。但在另外一些情况下，整理的时间又必须安排在最后，如当孩子们轮流完成某个拼图时。评估每一种情况本身的优点，并帮助孩子们共同协商出最佳的解决方案。如果某幼儿必须提前离开，那么他可能会提前整理，或者与小组成员一起检查是否还有其他人想要玩同样的材料。显然，教师必须考虑到游戏背景和幼儿的年龄。

四、整理和打扫游戏

活动结束后，孩子们通常会在房间里跑来跑去，互相打闹或者变得兴奋，这代表着他们想从事新的活动。教师这时就可以通过活动中令人兴奋的一面，适时地引导幼儿进入打扫环节。这时，如果教师只是重复几句：“整理的时间到了。来吧，让我们收拾一下。”那对孩子们来说就会很无聊。一段时间以后，他们甚至可能听不进去这些话，这种话就会变成老生常谈，并且失去效力。你可以充分发挥想象力，想出鼓励幼儿参与的策略，而不是刺激幼儿去做某件事情。事实上，最好的做法是在一学年中轮换着使用不同的策略。

（一）人人都有工作

为每个幼儿分配一项明确的任务。“贾维拉，请你负责收纳蜡笔”。“费利克斯，请把纸放到回收箱里”。在某些情况下，教师可以随机分配任务。然而，在大多数情况下，巧妙地将任务分配给幼儿将有助于幼儿克服消极的情绪。另一种有效而公平的方法是让每个人都做同样的工作。“让我们每人捡 4 张纸，把它们扔进回收箱。”

（二）为创意欢呼！

创造角色和虚构人物是如此有趣！为什么不成为一名宇航员，在太空中缓慢地旅行，然后把积木送到箱子里，或者成为送货员把蜡笔和纸送到货架上？孩子们也可以假装买了必须放回原位的玩具。在游戏过程中观察孩子们的兴趣，找到可以用来活跃整理时段的经典剧本。在整理时，可以邀请在建构区假扮机器人的幼儿继续他们的游戏：“机器人现在正准备将游戏材料送回它们的存放位置。”

也有一些其他的点子：像科学家一样戴上眼镜，用海盗的望远镜寻找需要收起来的东西；可以戴着魔术手套捡玩具或清理桌子；假装自己是一名侦探或记者，正在进行现场勘查，看看是否一切都恢复正常。一段时间以后，孩子们也可以来扮演这些角色。

（三）共同参与

对幼儿来说，玩打扫卫生的游戏很有趣。教师可以利用这种兴趣，让幼儿一起参与，这可以省去大量的口头指令。通过这样做，你就能在达到自己的忍耐极限时，克制自己进行纪律干预。例如，提议运用下面的游戏，采用直接的方式鼓励幼儿：“我闭上眼睛。你收拾好你的玩具就来告诉我，我来数一数你在架子上放了多少个。”你还可以说：“如果你捡完积木，我就给你鼓鼓掌。”

（四）擦灰尘

在这个游戏中，幼儿要先用一块湿布擦去架子上的灰尘，然后再把玩具放回架子上。因为年龄较小的幼儿喜欢模仿成人的动作，所以他们会有动力去打扫卫生。对于引导幼儿参与打扫，还有什么比这更好的方法呢？

（五）数数字

在我们这里，幼儿会大声数捡到的玩具的数量。从3岁开始，孩子们通常就会对数数感兴趣。“一个玩具，两个玩具，三个玩具。你捡了很多玩具，凯恩。”学龄儿童喜欢学习外语单词。他们可能喜欢学习用法语、西班牙语、意大利语等说数字。对于来自不同种族的孩子来说，这是一个向同伴展示如何用母语数数的机会。

（六）神奇的吸尘器

在这个游戏中，孩子们假装用吸尘器清理剪纸后留下的碎纸。吸尘器发出噪声，把所有东西都吸走了。孩子们喜欢进行这样的想象。

（七）你想把什么东西收起来？

引导孩子们做出选择，他们会很乐意选择某样东西去整理，即使选择范围有限也如此。“你想把什么收起来，莉拉？”“米格尔，你想负责拼图还是蜡笔？你可以选择一下。自己决定整理哪个。”

（八）音乐时间！

为什么不用各种类型的音乐来丰富打扫卫生的时间呢？孩子们通常喜欢活泼的音乐和节奏：里尔舞曲、非洲音乐、说唱、探戈、华尔兹、军乐、蓝调音乐等。请孩子们在音乐声中（慢的或快的）打扫卫生。让他们在音乐停止时原地不动，就像在玩“木头人游戏”或“抢椅子”时那样。以舒缓、平静的音乐结束活动，避免幼儿过度兴奋。

（九）在打扫结束阶段开展游戏

完成打扫工作的幼儿可以同时开展短暂的游戏活动。介绍一些容易启动并能随时中断的游戏——猜谜、模仿、唱歌或观察游戏，这些都是不错的选择。“你能在房间周围找到黄色的东西吗？”“我们把树叶飘落的季节称为什么季节？”“在讨论开始之前，让我们唱一首今天早上学的歌。”

（十）提供一些挑战

给幼儿一些小小的挑战。“谁能放好这三样东西？”“谁的小手能把这辆卡车放回原位？”“谁能安安静静地拿着垫子？”任何孩子都不会错过接受挑战和展示自己能力的机会。

（十一）计时

教师偶尔可以使用这些技巧来鼓励幼儿快速整理。

- 设置一个5分钟响铃的闹钟。
- 使用沙漏，放在孩子们可以看到的地方。
- 使用时钟，让幼儿观察分针走到数字12的位置。
- 用秒表来进行一场快速整理游戏："五、四、三、二、一，开始。"
- 播放一段熟悉的音乐，并要求幼儿在音乐结束前整理好。

【注意】不要过度使用这些游戏，以免给幼儿带来过多的压力。

（十二）打扫接力赛

让孩子们排好队，把材料从一个孩子传给下一个孩子，一直传到对应的存放位置，就像工厂里的流水线那样。

（十三）一次示范等于一千次解释

教师可以通过让幼儿在集体面前展示如何正确地整理材料，来激发幼儿的能力。当同伴成为发令员时，幼儿通常会很感兴趣。

（十四）会说话的玩具

让玩具们“活”起来，替玩具们表达它们很高兴回到原处。“杰西卡，谢谢你带我回来。当你把我放回原本的位置后，我就能休息得更好。”当阿伦把一件美术品挂在晾衣绳上时，它“说”了声：“能被展出，我简直太高兴了。”

（十五）走路方式

在收拾玩具时，让幼儿选择某种移动方式：单脚跳、像企鹅一样走或者用单手拿某样东西。每次活动时教师都可以提出新点子来让游戏有变化。

（十六）“西蒙说”

这是一个经典游戏。在这种情境下，“西蒙说”游戏会激励孩子们打扫卫生。他们必须等待，听发令员说“西蒙说”以及要执行的任务。“西蒙说，把纸放回盒子里。”

五、关于“打扫”的歌曲

在宣布开始打扫卫生时，没有什么能比歌曲和童谣更合适了，或者边打扫边哼唱。孩子们一般都喜欢这样，即使他们不一起唱。

《打扫卫生》

［曲调来自《一闪一闪亮晶晶》（*Twinkle*，*Twinkle*，*Little Star*）］

现在是打扫卫生时。

打扫，打扫，我们知道怎么做。

我们可以打扫一下，你会看到：

干净的教室。

《收玩具》

［曲调来自《玛丽有只小绵羊》（*Mary Had a Little Lamb*）］

收玩具的时间到了，

收起来，收起来。

是时候把玩具收起来了，

这样我们就可以吃点心（或者另一个活动）了。

《整理啦》

（曲调来自《玛丽有只小绵羊》）

整理的时间到了，

整理呀，整理呀。

现在是时候整理了，

让我们放好玩具吧。

第八章　集体活动和圆圈时间

本章内容

一、集体活动

二、鼓励幼儿参与

三、鼓励幼儿加入集体

四、集体活动地点

在幼儿教育机构中，日程表、房间安排、教育计划、质量干预、日常活动的组织等许多重要的元素组合起来，才能让这一天给幼儿和工作人员带来成功的体验。有时，集体活动要求幼儿组成大组；有时，还会把两个教室里的孩子聚在一起，形成一个大的集体。

一、集体活动

适宜的集体活动包括：讨论前面进行的活动，计划下一项活动，分配任务，向幼儿解释操作步骤或提醒幼儿，分享之前的经验，唱歌，跳舞，表演故事，开展合作游戏和放松活动。一般来说，集体活动时间较短，可分为四个阶段：开始集合或启动集体活动阶段、活动的核心阶段、结束和整理阶段，以及过渡到下个活动的阶段。

在集体活动或圆圈时间的开始阶段，孩子们的集合过程一定要简单愉快。民主教育法的支持者们希望孩子们在活动中是积极主动的，而不是消极被动的。因此，圆圈时间有助于增强幼儿对集体的归属感，并帮助新来的幼儿融入集体（见图 8.1）。使用“你好，你好，你好吗？很高兴见到你。你今天好吗？”这样的歌词会很有用。

图 8.1

不用等所有幼儿都到齐，教师可以先开始集体活动，这通常会成功地将其余幼儿吸引过来围圈坐下。最好等孩子们集合完毕就开始分发材料并讨论主题。口头提醒也许就足以让所有幼儿坐成一圈。“来吧，摩根，圆圈里有个地方是专门为你准备的。”然而，有些幼儿更喜欢先在远处观望一下（例如，当他们吃完点心时）。根据具体情况和幼儿的年龄，分别判断每个案例。有时让孩子们按照自己的节奏加入圆圈活动会更好，让他们先去完成自己正在做的事。“即使孩子们还没有全部完成之前的活动，开始新的活动也是有意义的。”（Hohmann & Weikart，1995，p.289）

集体活动的准备工作应该提前做好——收集音乐、材料、书籍等。如果要分发材料，则应在集体活动开始时完成。否则，孩子们可能会分散注意力。

集体活动的结束也要提前计划好。把最后一个活动环节用作过渡阶段。“我们要唱最后一首歌，再去换衣区穿衣服！”然后，即兴唱最后一首歌，介绍下一项活动：“我要去换衣区。我现在要去穿衣服……”

二、鼓励幼儿参与

集体活动成功的秘诀在于它的灵活性以及它是否能够包容幼儿自发的建议。例如，法蒂玛坐在地板上玩鞋子上的尼龙搭扣，几个孩子开始模仿她。教师不是试图阻止孩子们发出这种噪声，而是运用民主教育法，利用这种情况来探索孩子们可以用自己的鞋子发出什么声音：轻柔的声音，摩擦声，刮擦声等。通过这个活动，幼儿会受到鼓励，注意力也会集中起来。过了一段时间，他们可能就已经准备好听你一开始想读给他们的故事了。

三、鼓励幼儿加入集体

有几种方法可以鼓励孩子们在指定地点集合。使用有趣的乐器（长笛、三角铁）发出声音，或用嘴巴发出声音（不同的声调、有趣的一唱一和：教师说“嘿哈”，孩子们附和“哈嘿”，或者使用暗号口令进入圆圈活动）。也可以使用视觉信号，包括把手臂举过头顶或使用木偶等。你也可以这样开始某个故事：“从前，有几个孩子从很远的地方来坐在我身边。他们想听个故事。他们刚把玩具收拾好。有一、二、三、四……个孩子坐到了我的旁边。”

有许多不同的策略可以让集体活动成为一种成功的体验。其中包括：讲一个小故事，哼一段最喜欢的曲子，模仿表演各种故事，玩一个有声效的猜谜游戏，或者用一支神奇的笔画一幅特别的画。在理想的情况下，你的高度应该和孩子们的高度保持一致，但同时注意不要损伤你的背部。有各种各样简短的活动可以防止幼儿感到无聊。你可以用一首有趣的歌曲来重新点燃他们的兴趣。

《魔法手指》

［曲调来自《约翰兄弟》（*Brother John*）］

魔法手指，魔法手指，

在你的嘴上，在你的嘴上。

把魔法手指，把魔法手指，

放在你嘴上，放在你嘴上。

四、集体活动地点

集体活动的空间应该足够大，能让孩子们舒服地坐着或移动。有些活动最好让幼儿围坐在桌子边进行，有些活动则最好让幼儿围坐在地垫上进行。动作游戏需要一个大的开放空间，孩子们可以很容易地进行移动。在夏天，集体活动可以在外面的树荫下进行。然而，如果集体活动要求孩子们高度集中注意力，那么最好让他们远离路人、交通和鸟类等的干扰。

必须清晰地在地面上标出圆圈活动的位置。专属于每个幼儿的标记或图像能帮助幼儿找到自己的特定位置。考虑使用相同的符号来区分幼儿的小隔间和午睡毯（见图 8.2）。和其他事情一样，避免僵化，发挥你的想象力。以民主的方式，鼓励幼儿解决关于地点选择的争论，如：轮流坐在教师旁边；在满足某些条件的情况下，幼儿可以坐在自己朋友的旁边等。

图 8.2　集体活动的位置安排，贴在地板上的图片

第九章　集体转移活动

本章内容

一、避免等待

二、减少大规模集体转移

三、确保幼儿的安全

四、小游戏

去更衣区、公园或厕所，步行去体育馆，上下楼或去另一个游戏区，这些都是幼儿教育机构中必然会出现的集体转移活动（见图 9.1）。遗憾的是，这些过渡环节通常仅被看成是为了尽快开始主要活动而不得不做的麻烦事。产生这一看法的影响因素很多：交通堵塞、空间不足、时间安排死板、过于疲劳、组织不当等。

图 9.1

为了让集体转移更有效、更愉快，教师有必要停下来想想这些组织问题。本章涵盖了这些问题。

一、避免等待

一些集体转移需要幼儿长时间的等待，并让教师付出大量的精力。你必须想办法让幼儿排成一队，多次重复指令并解决许多问题。嘈杂声、拥挤的幼儿，使得整个队伍需要教师的不断提醒才能安静下来。我们提倡采用队伍长度较短的小组行动方式。

当涉及多个小组时，教师可以协同合作，促使集体转移变得更容易。例如，当带幼儿出去玩的时候，一名教师可以负责监管更衣区的活动，而其他教师则在幼儿准备好的时候带他们去外面。幼儿可以和一名教师一起去走廊另一端的厕所，而另一名教师则留在教室里。

在理想的情况下，每个教室都应该有一扇直接通向院子的门，但实际上这样的门很少。事实上，一些儿童保育中心的布局使得集体转移变得很复杂。院子和厕所往往离教室很远。

教师最好提前几分钟告诉幼儿接下来要去哪里，如："洗完手后，我们要去餐厅。"

二、减少大规模集体转移

为了减少集体转移的频率，可以考虑给年龄大一点的幼儿更多的自主权。他们可以自己上厕所。幼儿必须清楚地了解与这些任务相关的规则，例如：一次只能一个人去厕所，去厕所前必须先告诉教师，不"闲逛"，等等。

三、确保幼儿的安全

当年龄较小的幼儿下楼梯时，要特别警惕。在密切关注整个集体的同时，向年龄较小的幼儿示范如何握住栏杆，如何在安全距离内排成一列以及如何向前看。为了确保他们得到最好的看护，要不时进行判断：应该走在幼儿前面，还是跟在后面？

当孩子们急着出去时，教师可能会很难阻止他们奔跑。但无论是在室内还是室外，很多时候，奔跑都是孩子们碰撞、摔倒的原因。有几种方法可以避免这种情况：可以要求年龄较大的幼儿与成人共同分担管理集体的责任，一起让大家慢下来；可以通过玩游戏的方式鼓励幼儿慢慢移动；可以引导幼儿更耐心、更细心，教幼儿解决问题；可以告诉幼儿要靠右走，不要在楼梯上跑上跑下；可以制定一套明确的集体转移规则，保育中心的每个人都要遵守。

对孩子们来说，去公园或附近走一走是令人愉快和放松的。然而，出于安全考虑，应该始终有两名成人陪伴。如果你必须独自和一群孩子外出，那么一定要带上手机以备不时之需。请注意，如果你在此过程中严重受伤或突发疾病，只靠带手机这一防护措施是不够的，有必要提前做好计划，这样你就不会陷入孤立无援的境地。

所有教师都应该知道急救箱在哪里，并且应该能够方便、快捷地拿到急救箱，但不要让孩子们随意触碰。在保育中心以外的地方，也包括在操场上，教师应随身携带急救箱，并定期检查急救箱里的物品。请记住，急救箱里必须要有手套，用来避免对血液或其他身体分泌物的接触。此外，外出活动时教师也要在口袋里放一双手套。

四、小游戏

这里，有一些小游戏可以帮助集体转移。详见专栏 9.1 中的建议。

专栏 9.1 关于集体转移的一些点子

- 可以采用多种方式鼓励幼儿一个接一个地走：开火车游戏，两个两个地移动等。可以让幼儿集体或个体扮演某个角色：一只巨大的蜈蚣，一只毛毛虫，一个机器人等。
- 以某种跟平时不一样的方式走路：踮起脚尖走，用脚跟走，双臂交叉在胸前走，像一只寻找猎物的猫那样走。当在雨天或非常寒冷的日子里无法外出时，教师可以组织幼儿以一种有趣的方式在室内活动，使幼儿得到一些锻炼。创新玩法：将小铃铛挂在毛根上，并将它们缠在孩子们的脚踝上，要求孩子们在走动时铃铛不发出声音。当孩子们到达目的地时，他们可以随着音乐跳舞，让铃铛响起来。应注意的是，要根据幼儿的发展水平选择适宜的运动方式。
- 其他走路游戏：假装抱着熟睡的婴儿走路；像老鼠一样走路；穿着不会发出噪声的“魔法”鞋走路；像特工一样走路等。
- 请一名幼儿在队头或队尾当王后或国王（或其他角色），其他幼儿可以扮演王子或公主。可以用儿歌来确定王后或国王的人选。[①]

- 孩子们喜欢帮助别人，可以让他们帮忙拿玩具。
- 当秩序出现问题时，可以执行这一规则：当幼儿离开他的位置时，他就失去了这个位置。
- 让每个幼儿从盒子或袋子里拿一个数字或字母，这样他们就能快速排成一队。
- 为了放慢行走速度，尽可能让幼儿扶着墙壁走路。
- 玩交通信号灯游戏：红色表示停止，绿色表示正常行走，黄色表示慢慢走。
- 到达目的地后，用口令或手势请幼儿一个个地离开队伍。
- 让所有幼儿都来拉住某个可拉长的弹簧玩具（如彩虹圈），这样他们就能集合在一起。

在保育中心外进行的集体活动需要额外的安全措施：需要至少两个成人的严密监护；携带一个完备的、没有过期的急救包，以及一个为过敏幼儿准备的肾上腺素试剂盒；遵从交通安全法律法规；留存家长的电话号码。所有户外活动都需要儿童保育中心的教育人员以及家长的密切合作并为此做好充分的准备。

① 类似于国内的“开火车”游戏，用“点兵点将”的游戏选出某个幼儿来当火车头或车尾。——译者注

第十章　来园和离园

本章内容

一、温暖而个性化的欢迎

二、微笑问好

三、直呼幼儿的名字

四、员工稳定

五、帮助幼儿入园

六、考勤

七、帮助幼儿离园

八、如何应对迟到的家长

九、小游戏

在与人相处时，我们或多或少会受到第一印象的影响。幼儿同样如此，他们对入园时教师的手势和语调、话语和态度等都特别敏感。

当幼儿面临必须调换老师，或者是从一个地方换到另一个地方，抑或将面对一系列不同的规则、不同年龄段幼儿的时候，来园和离园环节就容易变成引发幼儿情绪不稳定的环节。在儿童保育中心，孩子们通常一大早就到了，在下午结束时才离园。而在幼儿园，一日流程中可能有两次来园（一大早和下午开始时）和两次离园环节（上午结束时和下午结束时）。谁能在这么短的时间内适应这么多不同的人和环境，同时还保持身体状态和情绪的稳定呢？

幼儿家长可能要面对紧张的工作，要准备晚餐或处理各种事务（包括教师提出的要求），这使得他们可能无法把注意力集中在幼儿身上。他们会匆匆接送完幼儿就赶紧离开。在一个匆忙的时代，当家长把幼儿送来保育中心时，他们往往不会有意放慢脚步。家长们都有充分的理由来解释他们的匆忙。“我没有时间。”“我有急事。”“我要迟到了。”“我的老板正在等我。”“我忙了一天还没有忙完。”“我家里还有很多事要做。”“我工作很忙。”儿童保育中心在确保幼儿的健康幸福和向家长制造的压力妥协之间左右为难。然而，保育中心的工作人员和家长都要花时间为孩子们安排好来园和离园的过渡，这一点很重要。

一、温暖而个性化的欢迎

儿童保育中心所采用的欢迎方式至关重要。欢迎方式可以成就孩子的一天，也可以毁掉孩子的一天：用友好的微笑还是强颜欢笑？说些友好的话，比如“我们的布鲁诺今天感觉怎么样呀？”，还是把自己的坏心情流露在外？看起来漠不关心，还是很感兴趣？这些都是在儿童保育机构中可以观察到的行为。不管你的心情如何，你都应该以恰当的方式迎接孩子。为了保障孩子们的幸福和健康，你必须表现出专业、友好的态度，并自始至终都保持态度的一致性。在欢迎孩子时，记得要微笑并用友好的声音和他们说话，呼唤他们的名字并表示很高兴见到他们（见图 10.1）。

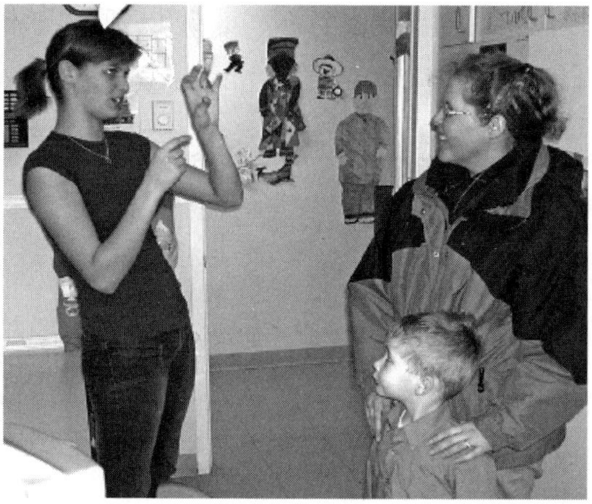

图 10.1

对幼儿来说，重要的是一到学校就能马上有所选择：找到一些有趣的东西来玩，观察其他同伴，与朋友或教师交谈，或者完成前一天在做的事。看电视的时间必须严格控制在最低限度，其中包括看视频的时间，因为孩子们在家里经常看视频。

欢迎接送孩子的家长是对孩子和家长的尊重（Martin，Poulin，& Falardeau，1992）。对于幼儿家长而言，儿童保育中心应该是一个能够受到欢迎的地方。教师有责任感谢家长的合作（例如，按照要求来替换衣服，对幼儿的行为提供后续反馈或描述幼儿在家里做了什么）。你需要经常询问幼儿的情况以获得信息。“他昨晚过得怎么样？”“他今天感觉好些了吗？”有时，教师和家长之间必须安排一次面谈或一次电话交流来深入讨论特定的问题。需要注意的是，辛苦的一天即将结束或者其他家长和孩子在场的时间，不是进行交流的好时候。

遗憾的是，当家长不能进入幼儿熟悉的教室，而被迫只在走廊上接送幼儿时，教师通常很难与他们进行定期交流。一些保育中心甚至通过对讲机把幼儿送到家长那里，这完全阻断了家长和教师之间的任何交流。对讲机被许多人视为一种防止家长在保育中心走动并催促他们离开的方式。但这不能满足幼儿的需要，在实行民主教育法的保育中心里应予以禁止。当然，当家长离开保育中心后，使用手机来沟通是可以的。别忘了在保育中心的入口处张贴一张清单，告诉家长在哪里接孩子，并清楚地列出小组名称、星期几、时间和相关活动。

儿童保育中心应避免以减少时间损失和将效率最大化为出发点来组织离园和来园的过渡环节，这样才能尊重幼儿和家长，关注他们的尊严。为了孩子，你需要投入时间和精力与其父母建立积极的关系，即便实际上似乎很难与每个孩子的父母都做到这一点。你需要做好准备，下定决心去接触某个可能是胆小的、漠不关心的甚至是令人讨厌的家长。如果你想与难以亲近的家长建立一种建设性的关系，你需要具备毅力、信念、持之以恒等不可或缺的品质。最重要的是，不要等到幼儿出现问题时才开始与家长交流。对幼儿的幸福至关重要的伙伴关系是随着时间慢慢建立起来的。

有时，教师因为希望让家长相信孩子在保育中心得到了很好的照顾，会在家长面前扮演一个对孩子过于控制的主导性角色。这样的行为可能会让家长感到嫉妒或不安，应该避免。教师必须认识到家长对孩子的重要作用，避免与他们竞争。

在理想情况下，教师、家长和孩子应该采用一种三方沟通的系统（Martin，Poulin，& Falardeau，1992，p.86）。来园和离园的过渡环节是建立三方沟通系统的理想时间。例如，当家长和教师讨论孩子时，孩子也可以参与到谈话中。这是对孩子的尊重。“马克斯，我告诉你的父亲，你已经学会了很好地解决冲突。你为自己感到骄傲吗？”“达莉莎，你妈妈和我要一起教你如何使用厕所。你觉得这是个好主意吗？”“亚历克斯，你有没有告诉你爸爸我们今天开始种花了呀？你可以在回家的路上告诉他。”

教师也需要尊重幼儿的隐私。永远不要和家长谈论另一个幼儿，也永远不要和家长谈论其他幼儿的父母（Martin，Poulin，& Falardeau，1992）。此外，教师职业道德规范要求所有员工对儿童的信息保密——个人信息仅向有权知道和需要知道它的人披露。

保育中心的环境设置必须适合来园和离园这样的过渡环节。准备好一把椅子以方便脱鞋子，并准备好放置鞋子的地方（也可以准备鞋套，以便家长在进入保育中心时不会弄脏地板）。如果保育中心里有不同种族的人，那么可以悬挂写有多种语言的欢迎横幅。可以专门为家长设立一个公告栏，内容既要吸引人又不会过于复杂。它应该包括与保育中心有关的基本信息，如：下次外出的时间、菜单、某项活动的计划；关于健康、安全和教育的小册子和海报（如汽车儿童安全座椅的正确使用方式，能给有不同问题的家庭提供帮助的组织的地址）；家长带来的一些文学作品；以及孩子们的图画作品和照片（这些需要定期更新）等。

二、微笑问好

微笑是人类特有的一种功能。这是婴儿最早能理解的面部表情之一，也是他们容易接受的一种表情。通过与表现出友好行为的人接触，幼儿的社会情感能够不断发展。微笑和友好的声音构成了幼儿情绪健康的重要资本。一个 7 岁的孩子告诉他的老师，老师的微笑给他的一天带来了阳光，这个例子证明了这一点。

记住，微笑会启动面部的 17 块肌肉，这是一项有益的运动。在幼儿和家长面前，你应尽可能地保持微笑！

三、直呼幼儿的名字

教师应该直呼幼儿的名字，而不是给他们改名或用昵称。“早上好，萨米卡！”当你对某个名字或它的发音有疑问时，你可以问问幼儿的家长，以确保正确读出名字。重要的是，不要让幼儿的名字成为被别人嘲笑或拒绝的理由。当遇到这样的情况时，你需要和家长沟通，为幼儿找到一个满意的解决方案。最好不要使用诸如“甜心”或“亲爱的”之类的带有强烈情感的名字，也不要使用诸如“急速马丁”（Speedy Martin）或“胡椒米尔斯”（Pepper Mills）之类的绰号。

四、员工稳定

对于刚到儿童保育中心的幼儿来说，能够看到熟悉的面孔是一件令人安心的事。因此，儿童保育中心拥有一支稳定的核心员工队伍至关重要。对于年龄较小、刚刚入园、临时转学、有不同的语言背景的幼儿来说，这点尤其重要。在理想情况下，主班教师应在孩子们来园或离园时都在场。因为她每天有好几个小时和孩子们在一起，所以她是最适合与家长交换信息的人。如果家长需要了解自己责任范围内的其他信息，如费用和付款、注册续期等，那么建议儿童保育中心的协调员或负责人也来现场与家长当面交流。

五、帮助幼儿入园

离开所爱的人对年龄较小的孩子来说是非常困难的，这时他们哭闹、不肯离开父母、抱怨或拒绝进入保育中心都是正常的。分离焦虑与许多因素有关：之前的（消极）经历、父母的态度、孩子的健康状况、父母长期外出后回来、孩子的性格、家庭状况、新教师等。

尽管儿童在任何年龄都可能会受到伤害，但 8 个月到 8 岁的孩子对于早上与父母分离会尤其敏感。想想 2 岁的孩子常见的执拗态度和他们刚刚学会的说“不”的能力，或者那些第一次进入儿童保育中心的孩子们。幸运的是，有一些策略可以帮助幼儿克服分离焦虑并很快融入群体之中。

- 为他们提供喜欢的游戏和物品。
- 提供一些可参照的时间安排表，让他们有安全感。可以提前告诉他们早上要做什么，也可以提醒他们前一天发生的事。
- 允许他们暂时保留某个安慰物（过渡物品）。
- 在来园时同家长进行一个告别仪式，例如：家长给孩子一个拥抱和亲吻（见图 10.2），把孩子带到教室门口，挥手告别等。

图 10.2

在进入儿童保育中心的第一周里，孩子们可能会对家长的离开有强烈的反应。许多家长会觉得这样的时刻很痛苦，尤其是当他们不知道该怎么办的时候。有些家长没有和孩子道别就匆匆离开，另一些家长则逗留太久，让孩子一直依偎在他们身边，还有一些家长会要求自己的孩子停止哭泣，或者撒谎说："我一会儿就回来。"家长的这些消极行为往往是某种无助感的表现，而不是缺乏敏感性。教师应秉持客观、坚持的态度，帮助家长和幼儿一起做好家庭和儿童保育中心之间的必要过渡，并帮助他们更好地适应这一新情况。

同时，教师还要确保不会让幼儿对自己产生过度的依赖（例如，经常把孩子抱在怀里或握着他的手），但也要与那些因家长离开而受到严重影响的孩子保持视觉和语言上的联系。意识到幼儿所经历的痛苦、恐惧和愤怒的感觉，这很重要。"我知道爸爸离开让你很生气，因为你想和他在一起。""我明白，你很难适应同时发生这么多事情。我会在这里帮助你、保护你，直到你的爸爸妈妈来接你。"你还可以向幼儿展示游戏材料并与他们一起游戏，帮助他们放松，并对周围的环境产生兴趣。幼儿需要 3~6 周来适应儿童保育中心的环境，定期出勤、积极养育以及教师的态度都有助于幼儿尽快适应。

六、考勤

根据法律规定，你必须为每个幼儿准备一张考勤表。儿童保育中心的主任或管理者有责任每天做好出勤记录。

一般来说，幼儿一到保育中心就应该开始考勤。根据不同保育中心的制度，也可以每天点名 2~3 次。必须以书面形式记录预计出勤和实际出勤的日期、天数和小时数。记得在考勤簿上附上一支铅笔，以避免浪费时间去找铅笔。也有一些小技巧：对于年龄较大的幼儿，让他们在名单上自己的名字旁边盖章或画一个笑脸。

七、帮助幼儿离园

为了方便幼儿离园，必须提前准备好他们的个人物品。如果可以，最好当面把所有的信息表交给家长。当家长亲自拿到这些文件的时候，他们自然会更加关注，而不是只把这些文件放在幼儿的书包里。此外，这也提供了一个与不太爱说话的家长交流的机会。

同来园时一样，离园也需要保持仪式上的一贯性。不要给幼儿压力，而是温柔地引导他们整理好东西，准备回家。离园仪式可以包括拥抱和道别等。重要的是，要预料到让幼儿突然停止游戏可能会很困难，即使他们的父母要求他们准备出发。一个幼儿可能正在与另一个幼儿交谈，而另一个幼儿则正在拼命寻找丢失的物品，你也可能会碰到某名家长针对某个偶发事件和你交谈了很长时间，占据了你的注意力，影响了你的工作。幸运的是，这里有一些处理这些情况的技巧，见专栏 10.1。

专栏 10.1　解决离园困难的技巧

◆ 明确幼儿、家长和教师的角色。例如，确保家长一进入儿童保育中心就开始关注自己的孩子。

◆ 当家长说个不停时，礼貌地为自己找借口离开，然后回到工作中。“对不起，我不能和你多谈了。我需要回去看看孩子们。”

◆ 让离园时间与户外游戏时间相衔接。这样，当家长到达时，孩子们就已经穿好衣服准备离开了。

◆ 以一种灵活的方式，引导幼儿（和父母）到更衣区，同时提醒幼儿把自己的画带回家。这些画已经提前放在他的小隔间里了。

◆ 围绕幼儿在家做什么进行谈话，鼓励她离园，并提醒她再次回到保育中心的时间。“晚上愉快，布琳，明天见。”

◆ 提醒幼儿白天发生的某件事，并鼓励他在回家的路上与家长分享。

◆ 建立离园的习惯性流程。在进入教室之前，家长必须先在更衣区阅读完孩子的日志。这将使你的口头交流更有成效，更有针对性。这也可以让你知道家长是否已经获得了书面信息。

◆ 对于行动慢的孩子或非常健谈的孩子，可以使用计时器，提醒孩子 5 分钟后该走了。

如果家长要临时带孩子匆忙离园（如参加聚会或有其他活动时），教师必须提供帮助。重要的是，要跟家长明确说明这是一种例外情况，而不是每天都重复这样的程序。然而，如果这是每天都发生的事情，教师则应与家长达成书面协议，注明这是非正常程序及其原因。

八、如何应对迟到的家长

当家长在保育中心关门后才来接孩子时，保育中心必须采取措施处理此类疏于照料的行为，并避免与家长争执。保育中心可考虑对迟接孩子的家长进行一定的处罚，注意必须始终如一地执行这些措施。这些措施可以在家长入园登记孩子的信息时，通过相关文件对他们进行详细的说明。家长公告栏也可以张贴这些信息来提醒孩子的家长。在所有人都离园后，教师需要考虑被独自留下的幼儿的感受，让他放心会有人继续照顾他，并向他解释家长迟到的原因。

九、小游戏

积极的环境会帮助每个人以轻松的方式度过来园和离园的过渡环节。在这里，游戏再次发挥了作用。

可以在幼儿来园时，给他看一张情绪图表，让他指出最能描述他情绪的图片。

可以让学前儿童用外语来表达“欢迎”——“bonjour”（法语），“bon giorno”（意大利语），“buenos dias”（西班牙语），“kaliméra”（希腊语），“guten Morgen”（德语），等等。

可以创造某种特殊的方式来说“早上好”，也可以使用一个特定的身体动作（适用于 5 岁及以上幼儿）。

第十一章　不可避免的等待

本章内容

一、减少不可避免的等待

二、组织不可避免的等待

三、营造最佳环境

（一）口语游戏

（二）视觉观察游戏

（三）听觉游戏

（四）手眼协调游戏

（五）象征性游戏 / 角色扮演游戏

（六）视听游戏

（七）精细动作游戏

（八）粗大动作游戏

（九）呼吸游戏（3 岁幼儿）

（十）嗅觉游戏（2 岁幼儿）

（十一）触觉游戏

（十二）发声游戏

（十三）艺术游戏

（十四）给自己按摩（2 岁幼儿）

在幼儿教育机构中，与其他活动一样，“等待”环节也可以采用民主教育法。也就是说，只要孩子们能够参与其中，不会变得疲倦、不耐烦或者很烦躁，过渡环节也可以变成一段和谐的时光。这可以通过与教育团队的其他成员合作，通过共同的时间管理和环境管理来实现。遗憾的是，在一些教育机构中，孩子们每天都要集体等待好多次——有时他们需要站着，不发出声音，不能有太多大的动作等。最重要的是，还不能有干扰（例如，希望4岁的幼儿能安静地排队等候上厕所或刷牙）。这会在集体中产生紧张气氛。而正确的教育方法则要减少这种紧张气氛。改变根深蒂固的习惯总是很困难的，但民主教育法值得我们为之努力。

一、减少不可避免的等待

“孩子们在小的时候学会等待是很重要的。”这句话经常被教师反复提及，因为他们致力于引导儿童面对严酷的生活现实。的确，即使是在很小的时候也必须等待，这是正常的。但重要的是，要记住儿童的时间感知与成人的时间感知有很大的不同。长时间的、与发展阶段不相称的、频繁的等待，可能会损害孩子的自信心和安全感。无论如何，社会、家庭和学校环境都会在儿童的生活中引发许多等待。在亲近的人的陪伴下，孩子们在一天中会有很多机会来锻炼耐心，如：在开车旅行的途中；在杂货店、医生办公室或餐馆排队结账时；等待饭菜准备好或在妈妈打电话时……

幼儿在某个熟悉的情境中（如家庭活动）等待，不需要他们像在大集体中等待那样进行自我控制。此外，等待2分钟对2岁的孩子和8岁的孩子来说根本不一样。这样2分钟的等待似乎看不到尽头，尤其是对一个蹒跚学步的孩子或正在发脾气的孩子来说。一名4岁的幼儿曾经问过一位教师关于等待5分钟的问题：“是小孩的5分钟还是大人的5分钟？”时间知觉不可避免地涉及主观维度（Lauzon，1990）。孩子们可能会说“太长了”，或者“太快了”，抑或“我不能再等了”。对成人来说，这种对时间的主观评价同样存在。当谈到儿童的等待能力时，我们需要考虑到孩子们的忍耐极限，尽可能地减少等待。因为，等待的时间越长，对活动推进和群体动力造成的损害就越大。但请记住："等待时间可以减少，但并不总能被消除。"（Hohmann & Weikart，1995，p.289）。

幼儿必须能够活动——对于年龄小的幼儿而言，他们需要通过运动来消耗他们的精力——而不是被迫在教师的安排下，等着完成某项静态任务，如点名，或者安静地排成一排，等待其他孩子完成一项活动后再出去玩。幼儿想要活动的欲望与多动症没有关系，这是正常的。在大多数情况下，这表明幼儿身体健康。长时间的等待会导致幼儿做出不恰当的行为。这并不是因为幼儿想要行为不当，而是他们保持忙碌的自然愿望使然（Davidson，1982，p.196）。

如果经常有 8 个、10 个或 20 个孩子不得不排队等待洗手，或者在出去玩之前穿着厚重的防雪服在更衣区等待，抑或等待教师的帮助而教师正在走廊里和同事交谈，而且这些情况反复发生并持续很长时间，那么教师就需要深入分析教育计划、组织活动以及运用教育方法来纠正这些情况。然而，如果已经有良好的组织，但幼儿有时仍需等待，那么这就不是非常严重的问题。例如，因为餐饮供应商配餐迟到而导致用餐环节的等待，或因为发生事故而在旅途中等待，这些都是不可避免的事件，不至于产生麻烦。在这些情况下，重要的是不要让孩子们感到无聊。为了防止意外情况发生时出现完全的混乱，教师可以让幼儿沿着墙、在地板上、在椅子上或在长凳上坐成一排。如果可以，让每个幼儿之间的距离尽可能缩小。

当几起事件共同造成不可预见的情况时，教师必须具备知道如何调整的能力。从这个意义上来说，你作为教师的态度对等待活动的质量和教学价值起着决定性的作用。"要考虑所有必须在限定时间框架内完成的任务，并留出足够的时间，以便可以不慌不忙、轻松地处理日常任务。"（Brickman & Taylor，1991，p.137）

二、组织不可避免的等待

在民主教育法中，等待通常指不可避免的等待，即让延迟的次数和持续的时间都减少到最小。在开启一次学习之旅前等待公共汽车，等待另一组人一起去参观当地的糕点店，等待某位客人的到来——这些都是常见的情况，没什么大惊小怪的。如果延误是合理的，那么这样的经历甚至可以是积极的。你可以找到某个有效的方法来丰富孩子们的这段时间，如唱最近学到的一首歌，做一点孩子们提议的体育锻炼，或者请幼儿说一些谜语。有许多方法可以用来充实不可避免的等待时间。

为了减少延迟的次数和持续的时间，教师应该创设一个有组织的环境，让幼儿能够作为具有一定自主权的个体去行动，进而从这样的环境中受益（见图11.1）。下面是一些例子。

- 如果厕所离教室很近，那么教师要给孩子们自己上厕所的自由。
- 如果厕所位于较远的地方，如在走廊的尽头，那么一名教师可以负责看护一群要上厕所的孩子，而另一名教师则和剩下的孩子待在教室里。
- 在下午的点心环节给予幼儿选择权。幼儿可以选择是否到餐桌前吃点心。这样就能避免有的孩子已经吃完点心，但不得不等待别人的情况。
- 让幼儿在午睡醒来后安静地玩耍，而不必等到其他人都醒了才可以玩。

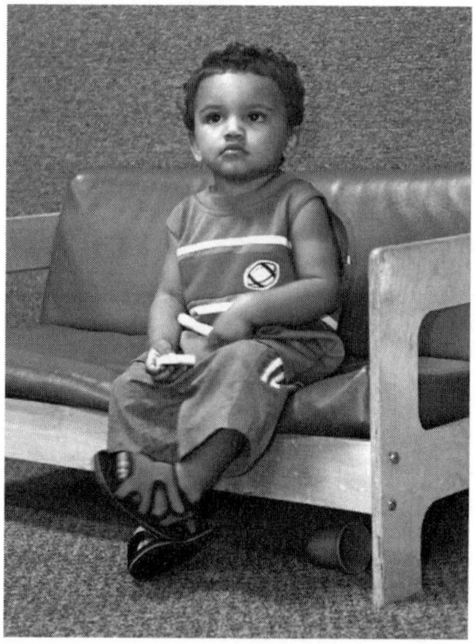

图 11.1

这些策略也许与避免延误的方法一样有效。缩短等候时间和减少等候次数在很大程度上取决于幼儿本身的参与，教师有责任根据幼儿的发展阶段鼓励他们这样做。

根据民主教育法的原则，在教育机构中为数不多的等待时刻必须是充满动力的。孩子们能够交流和表达自己的想法,并在他们所处的环境中去发现和行动。他们能够互相交谈，在游戏结束后互相帮助对方整理，把自己的盘子放好，帮助更小的孩子穿衣服；他们能够在想上厕所的时候去厕所（而不是因为这是指定的如厕活动时间），穿好衣服就能在教师的监护下离开更衣区等。他们应该具备与教师一起做出选择的权利，而不是仅仅对命令做出反应。

旨在减少因偶尔延迟而形成的麻烦的策略有很多，不仅仅局限于口头控制的方法。孩子们经常听到的是:“别说话。”“坐在椅子上。”“我会轮流来帮你们每个人。”“我只有两只手。”“等一会儿才轮到你洗手。”“洗手池只有一个。”“我已经第三次让你不要往前走了。”“耐心点，孩子们，我很快就会把小床整理好。”“我正要去拿游戏材料。”……很多时候,孩子们并不能理解口头指令。此外，有些教师会试图对孩子进行绝对控制——他们会试图按照自己的方式和节奏做每一件事——他们会对幼儿独立性的发展产生伤害，并在后续的日常活动中将幼儿置于紧张的氛围中。

在等待教师收拾美术材料、准备点心，或者整理散落一地的工作室用具的过程中，幼儿往往会不由自主地自己找事情干。正是在这种时候——幼儿被迫等待时，他们会变得心烦意乱，然后麻烦就出现了。他们会与同伴玩耍，他们会说话、玩手，并试图让周围年龄更小的孩子安静下来。一两分钟后，孩子们的耐心和想象力达到了极限，他们开始大声哭喊、乱跑、戏弄、打闹等。然后，教师必须使用纪律教育措施使孩子们恢复秩序，同时继续努力完成自己的任务。教师的挫败感、重建控制的努力以及孩子们的疲劳都会破坏集体的氛围。最后，大家都变得沮丧，教师想知道为什么幼儿这么难相处。“在这时候，持续的不当行为会引起教师的不满，也会导致幼儿丧失自尊、师生关系不融洽以及教室内氛围紧张。”（Davidson，1982，p.196）表 11.1 中列举了一些值得推荐的例子和需要避免的情况。

表 11.1 等待时推荐和应避免的情况

推荐	应避免
孩子们不经常等待。	孩子们经常等待。
孩子们等待的时间很短。	孩子们等待的时间很长。
孩子们不需要排队等待。	孩子们需要排队等待。
允许孩子们活动和小声说话。	孩子们必须保持安静。
当前活动逐步结束，下一个活动以小组的形式开始。	活动戛然而止，孩子们集中在一起整队。
只有几个孩子同时聚集在某一个地方。	许多孩子同时聚集在同一个地方。
两名教师作为一个团队在协作，并分担工作。	一名教师独自完成所有工作。
教师一次只关注 3~5 个目标。	教师同时关注若干目标。
教师接受不完美的结果，同时保持对集体的控制。	教师不惜一切代价追求完美，可能会失去对集体的控制。
教师使用多种指导策略。	教师总是使用相同的指导策略。
教师并不局限于口头指令，还使用声音和视觉信号。	教师主要使用口头指示。
在遇到困难的情况下，教师仍能保持冷静和沉着，同时做到坚定而令人信服。	在遇到困难的情况下，教师对孩子大喊大叫、威胁他们等。
教师与孩子们一起做决定。	教师替孩子们做决定。
教师赋予孩子责任。	教师完成所有任务。
教师根据孩子的能力赋予他们责任。	教师赋予孩子的责任要么太难，要么太容易。
教师反思自己的指导技巧，并在必要时进行调整。	教师（出于习惯或本能反应）总是使用相同的指导技巧，而不去试图弄明白正在发生什么。

三、营造最佳环境

教育工作者需要有各种各样的方法来使不可避免的等待变得可以令人接受。这些方法往往都是小小的“额外的因素”，但会决定等待是无聊的还是可以忍受的。例如，集体穿过走廊，容易造成拖延。这时为什么不用吸引人的海报、照片或孩子们画的图画来装饰墙面，以吸引他们此时此刻的注意力呢？

要减少孩子们在过渡环节中的兴趣索然和无聊的情况，只需要一点想象力和准备就足够了。不要忘记，等待的时刻可以是创造平静并吸引幼儿注意力的理想时机。评估哪些策略最能让你的班级实现这一目标，你就会从中受益。“各个常规活动之间的过渡环节是体验运动的好机会。”（Brickman & Taylor，1991，p.108）

许多图书和网站都对这一主题进行了研究。创造性、快乐、从游戏中学习、合作等，这样的活动符合民主教育法。在任何时候，你都要考虑到孩子们的反应和建议，并将其融入活动过程中。“记住，孩子们不喜欢安静地呆坐着。”（Hohmann & Weikart，1995，p.289）为避免沮丧和等待，你可以在手边准备一些材料。为了实现有效利用，这里所建议的关于等待的游戏材料应该收放在一个有吸引力的、易于搬运的盒子中。对于各年龄段的儿童来说，以下指导方针都是类似的。

（一）口语游戏

- 想一想生活在空中、地面和水中的动物的名字。针对 4 岁幼儿，也可变成：说出生活在农场、动物园和家里的动物的名字。
- 学习用英语、法语、西班牙语、意大利语或幼儿的母语说一小串数字。（4 岁幼儿）
- 找韵脚游戏。教师或游戏组织者说：“我应该在我的帽子上放什么？”参与游戏的幼儿必须找到一个押韵的答案：“我在我的帽子上，放了我的猫。”其他例子包括：“什么会在我的帽子上发光？”“我的背包里需要什么？”（3 岁幼儿）
- 听一些带有熟悉的韵律的儿歌。（2 岁幼儿）
- 根据孩子们的能力，玩猜谜、拼图、字谜以及看动作猜字谜的游戏等。把这些语言游戏素材保存好，并定期更新。（3 岁幼儿）
- 对于许多不同的问题，给出同一个答案，例如，“你周末吃了什么？答案：香肠。”“当你照镜子时，你看到了什么？答案：香肠。”“你带什么去博物馆？答案：香肠。”等。（5 岁幼儿）也可以变成：通过要求孩子们不要笑，让游戏变得更加复杂或用另一个词来作为答案。

- 编一个故事的开头，让孩子们续编故事："让我们打开想象的大书。有天早上，小狐狸还在睡觉……"或者"一个红色的大球梦想着去旅行……"（3岁幼儿）也可以变成：通过让孩子们从一堆图片中挑选出一张图片（动物、物体等）来激发他们想象接下来故事里会发生什么。（5岁幼儿）

（二）视觉观察游戏

- 关于玩观察游戏的建议。"我穿的什么是亮晶晶的？""说出房间里蓝色的东西。""说出这里最小的物体。""小组里谁的眼睛是棕色的？"（3岁幼儿）
- 给孩子们看一幅大的插图（风景、动物、食物），然后让他们在脑海中再次进行想象。让他们根据脑海中的图画，试着观察它的颜色、形状和材质。孩子们不用说话就可以完成这个游戏。（5岁幼儿）
- 先让某个幼儿躲在一个他看不见或听不见外面会发生什么的地方。然后让这名幼儿扮演一名科学家。他发明的机器人突然变得不听科学家的指令，它们决定追随自己的领袖。其他幼儿（扮演机器人）围成一圈，坐在地板上。在孩子们中选择一个"机器人"当领导。当"机器人"领导者做出某个手势时，所有"机器人"必须模仿他。然后"科学家"回来，站在圆圈中间，努力辨认出谁是"机器人"的领导者。（5岁幼儿）①
- 游戏组织者向空中抛出一条薄围巾、一片薄树叶、一小片玻璃纸、一张纸或一根羽毛。当物体飘在空中时，孩子们需要做某个指定动作（如抓鼻子、咂巴嘴、哼唱等）。物体一落地，孩子们必须停止动作。也可以变成：保持不动，听物体落在地面上时的声音。（2岁幼儿）
- 将熟悉的物体放在桌子上（一开始，三个物体就足够了），让孩子们观察它们。然后用布盖住这些物体，让孩子们说出物体名称。问一些问题："我们用什么东西来……""什么东西是蓝色的？"（2岁幼儿）也可以变成：

① 类似于"猜猜谁是领导人"的游戏。——译者注

藏起某个物体，然后让孩子们看看哪样东西被拿走了。[①]

- 让孩子们模仿教师的手势，就像他们在照镜子那样。（2 岁幼儿）
- 看书。注意要定期更换书籍。
- 使用视觉信号来引起孩子们的注意，比如呈现一双特殊的“疯狂”手套，也可以是一张有趣的海报、一面旗帜或彩色卡片（每一张都有其特定的含义）。（2 岁幼儿）

（三）听觉游戏

- 让孩子们闭上眼睛，试着猜猜掉在地上的是什么：铅笔、球、勺子、纸盘等。
- 按照教师的指示，按照编码提示改变手部动作：“Quilibi”的意思是指着食指；“Watawa”的意思是握拳；“Gurubu”的意思是把手掌转向地面；“Mogogo”的意思是手掌向上。（5 岁幼儿）
- 猜教育工作者或某个幼儿哼唱的歌曲名。也可以变成：一个幼儿默念单词，其他幼儿通过读唇语来猜测是什么单词。（2 岁幼儿）
- 猜测周围环境中听到的声音。“隔壁房间传来什么声音？”也可以变成：识别录制的声音。（2 岁幼儿）
- 用各种物质（如大米、沙子、纸团等）填充小的空塑料容器。让孩子们根据声音辨别容器里的东西。（3 岁幼儿）
- 让孩子们模仿你用身体表现的各种简单节奏：用力或轻柔地拍手，用手指击打手掌，用双手拍手等。（4 岁幼儿）
- 讲一个孩子们熟悉的故事，如《三只小猪》或《白雪公主》，可以在故事中加入一些错误情节，孩子们要去试着找出错误。（5 岁幼儿）
- 幼儿闭着眼睛，教师一边说话一边走来走去，幼儿用手指出教师在哪里。（5 岁幼儿）
- “照我说的做，而不是照我做的做。”请一个幼儿在说某个动作的时候，身

---

① 类似于“找找谁不见了？”的游戏。——译者注

体做另一个动作。例如，嘴上说要碰头发，而动作是碰牙齿。其他孩子必须按照示范者的指令去做，而不是按照看到的动作去做。（5岁幼儿）

（四）手眼协调游戏

- 给每个幼儿一个结实的透明塑料瓶，里面装满水，滴入几滴食用色素。注意瓶子必须是密封的。让孩子们摇动瓶子,观察瓶子里发生了什么。（2岁幼儿）
- 翻阅孩子们的记录簿或自制相册，里面有他们的个人绘画、在不同时间拍摄的合影照片、杂志上有趣的剪报等。购买带有塑料封套的相册，以保护照片。可以根据主题对图片进行分组,如食物、动物、不同种族的人、交通、感觉、风景、外出实践活动中拍摄的照片等。年龄大一点的孩子可以帮忙制作主题相册。这样的相册也可以用来传达诸如善良、健康以及生活乐趣等方面的价值观。可以随时准备好相机，以便捕捉精彩瞬间，为教室的墙面和相册增加素材。
- 请记住，2—3岁的幼儿不会轻易与同伴分享物品。他们更喜欢“占有”自己的物品。出于这一原因，教师可以准备一些神奇的棕色纸袋，里面塞满了旧拼图、塑封图片、小镜子和可以戴的手套。（2岁幼儿）

（五）象征性游戏/角色扮演游戏

- 提供儿童主题套件箱，里面包含安全和有趣的材料，如小人偶、木偶、塑封图片等，并且这些材料易于取出。（3岁幼儿）
- 玩木偶（手指木偶、手偶、提线木偶）。（2岁幼儿）
- 从一个简单的物体展开联想：纸板卷成的圆柱、球、围巾、一张纸。“这让你想到了什么？”“它看起来像什么？”“你能假装它是什么？”例如，一个球可以是一个水果，纸板卷成的圆柱可以是望远镜，一张纸可以是盘子，在与这些材料互动时也可以加入手势模仿和角色扮演。这个活动开发了孩子们的创造力和抽象思维。（5岁幼儿）
- 玩“假装睡觉”的游戏，保持不动，尽可能长时间地睁着眼睛。只允许眨

眼和呼吸。魔术师通过做鬼脸来试图“唤醒”这些奇怪的睡眠者或在不接触他们的情况下让他们动起来。（5 岁幼儿）

- 简单的表演动作（见图 11.2）。
  - ➢ 直接提示：像猫一样伸展，像风中的花朵一样移动，摇晃婴儿。（2 岁幼儿）
  - ➢ 间接提示：像动物一样爬行，重复刚刚开展的户外活动。（3 岁幼儿）

图 11.2

- 模仿各种表情：喜悦、悲伤、害羞、愤怒。（4 岁幼儿）
- 用非常小或非常大的动作来模仿日常动作：刷牙、穿毛衣、吃饭。（4 岁幼儿）
- 允许幼儿在看护良好的情况下，用可以接受的动作发泄。例如：打枕头；在院子里大喊；玩硬橡皮泥；撕纸和扔纸；捏破气泡膜的泡泡；随着欢快的音乐跳舞；表演一首歌。孩子们可以在教师的引导下合理宣泄他们的精力，从而减少攻击行为。（2 岁幼儿）

（六）视听游戏

- 给孩子们听熟悉的童谣和歌曲，同时展示与之相关的图片。（将收集的系列图片放入一个盒子或活页夹中以方便查看。）（2 岁幼儿）
- 让孩子们按照你的描述模仿你的动作：“手放在头上。”“手放在肩膀上。”“食指放在鼻子上。”也可以变成：在你所做的和你所说的之间“犯

错误”，然后让孩子们发现错误。（3 岁幼儿）

- 给孩子们读一本绘本。（2 岁幼儿）

（七）精细动作游戏

- 让孩子们戴手套。（3 岁幼儿）
- 将尼龙搭扣条缝在手套上，组织一场钓鱼游戏，让孩子们用手套抓毛毡或织物做的东西。（2 岁幼儿）
- 提供需要用旋紧的方式来操作的带螺纹口的塑料容器或大螺栓。（3 岁幼儿）
- 提供小照片或图片让幼儿操作。（3 岁幼儿）

（八）粗大动作游戏

- 安排一条简单的障碍路线。例如，在想象的石头上行走或绕着家具走。这条路线可以通向某个神奇的地方，比如用一个装饰精美的大纸板箱或用一张倒置的桌子代表的城堡。（3 岁幼儿）
- 头上放一块干海绵，然后从一个地方移动到另一个地方，试着不让干海绵在移动的过程中掉下来。（4 岁幼儿）
- 玩“西蒙说”的游戏：“西蒙说，把你的手放在你的头上。”（幼儿就执行动作。）“把你的手放在耳朵上。”（这时没有“西蒙说”这个前提，孩子们就不动。）（4 岁幼儿）
- 表演动作歌谣。许多歌谣都很适合孩子们，如《头、肩膀、膝盖和脚趾》（*Head*，*Shoulders*，*Knees*，*and Toes*）、《如果你感到快乐》（*If You're Happy*）、《玛丽·麦克小姐》（*Miss Mary Mack*）、《开开关关》（*Open*，*Shut Them*）等。这些资源可以在儿童歌曲网站上找到。
- 随音乐（迪克西兰爵士乐、探戈舞曲）自由起舞。音乐中断时，孩子们必须马上保持当前动作一动不动。（2 岁幼儿）
- 为了帮助孩子们放松，建议做以下伸展运动。（2 岁幼儿）
  - 蝴蝶：慢慢地模仿蝴蝶的蜕变——毛毛虫、结茧、展开翅膀、第一次飞行。

用一些安静的动作来结束活动，比如蝴蝶停在一朵美丽的花上。

➢ 挠痒痒：伸展手臂，假装挠天花板和墙壁，同时保持脚和身体垂直。也可以变成：将两个动作结合起来——用一只手臂挠天花板，另一只手臂挠地板。

➢ 阳光：推开天空中的乌云，太阳就会出来。把阳光拉向你，把它们放在你的心里或一个想象的篮子里。欣赏万里无云的美丽蓝天。

➢ 恒星和行星：让孩子们躺下，彼此保持距离。让他们张开腿和胳膊，变成一颗颗恒星。然后让他们用身体做球状，形成一颗颗行星。各个姿势互相变换几次。

➢ 猫：四肢着地，像猫一样伸展，背部上下拱起。重复这个动作几次。

➢ 瓢虫：站立、向前弯曲，放松手臂自然垂下晃动，直到手臂完全停止。想象一只瓢虫在你的手上正扇动翅膀。

➢ 花朵：模仿一朵慢慢开放的花。开始蹲下，慢慢伸展手臂，同时踮起脚尖。

• 设置一个安静的区域（见图 11.3），里面有靠垫、书籍和相册，可以让幼儿独自阅读。用地板上的标识胶带或天花板上悬挂的薄纱窗帘来划定安静区。（你可能要提醒孩子们不要拉上窗帘。）（3 岁幼儿）

图 11.3

（九）呼吸游戏（3 岁幼儿）

【注意】对于初学者来说，重复 3 次就足够了，而年龄较大的孩子可以重复练习不超过 5 次。我们的目标是让孩子们享受这项活动，所以重复练习的次数不要过多。记住，呼气是呼吸的平静阶段，因为它可以缓解紧张。

- 小猪的鼻子：受瑜伽的启发，可以让幼儿做一个充满活力的呼吸练习。将食指轻轻放在鼻尖上来模拟小猪的朝天鼻。用鼻子吸气，然后用嘴呼气，同时将手指留在鼻子上。重复这个动作 3~5 次。这种练习可以增强个体对吸气和呼气的感受，提高呼吸效率。
- 蜡烛：伸展一只手的所有手指来表示蜡烛。吹灭一根“蜡烛”，就依次合上一根手指。
- 闻起来真香：摘下想象中的花朵，闻一闻每朵“花”，然后攒成一束“花”。
- 叹气：试着先通过耸肩（吸气），然后放松肩膀（呼气），来产生夸张的叹气动作。
- 风：通过吹气来模仿风的声音——微风、大风，两者交替。

（十）嗅觉游戏（2 岁幼儿）

- 让幼儿感受到环境中令人愉快的气味。厨房里有东西闻起来很香。你觉得它是什么？洗完手后闻一闻干净的小手。
- 闻闻（密封的）自制的小百花香袋，或者是用纱布包着的小香皂。为避免气味混合，先将每种材料放入可重复密封的塑料袋中，然后将它们一起放入一个漂亮的盒子中。

（十一）触觉游戏

- 坐在地板上，让幼儿用手指在同伴的背上画些东西，让同伴试着猜画的是什么，然后互换角色。也可以变成：提出一个作画主题（形状、字母、食物）。即便没有猜测的环节，这个在别人背上画画的游戏仍然可以开展，它能给孩子们带来感官上的快乐。（3 岁幼儿）
- 使用具有有趣纹理的安全材料，识别一些特质——粗糙、柔软、多刺、塑料、织物、橡胶、皮革、纸张。也可以变成：闭上眼睛猜物品。（2 岁幼儿）

- 让幼儿触摸和探索放在盒子里的物品：松紧带、纽扣、棉签、丝带等。也可以提出建议，例如："找找你写字时需要用到的东西。"（4 岁幼儿）

（十二）发声游戏

- 说唱方位词！幼儿可以同时拍手。（5 岁幼儿）
- 用纸筒做一个扩音器，通过它对幼儿说话。把手放在嘴的两边可以起到同样的作用。（3 岁幼儿）
- 请幼儿发出声音。"我打开窗户。"（张开双臂）"我听到……一只小猫（鸟、风等）的声音。"让幼儿用嘴、舌头、呼吸等模仿这些声音。"我关上窗户。"（合上手臂）"声音消失了。"（2 岁幼儿）也可以变成：探索其他主题，如乡村、农场、海边、城市。
- 鼓励幼儿放低声音，模拟喉咙痛时的讲话。教师可以给他们做个示范。（4 岁幼儿）
- 教幼儿说悄悄话，让他们意识到轻声说话时声带几乎是不动的。把一只手放在自己的喉咙上，幼儿就会感受到，当他们大声说话时喉咙会明显震动，但当他们轻声说话时喉咙不会震动。（4 岁幼儿）
- 使用语言信号（如集合信号）来帮助儿童保持安静或专注（见图 11.4）。（3 岁幼儿）

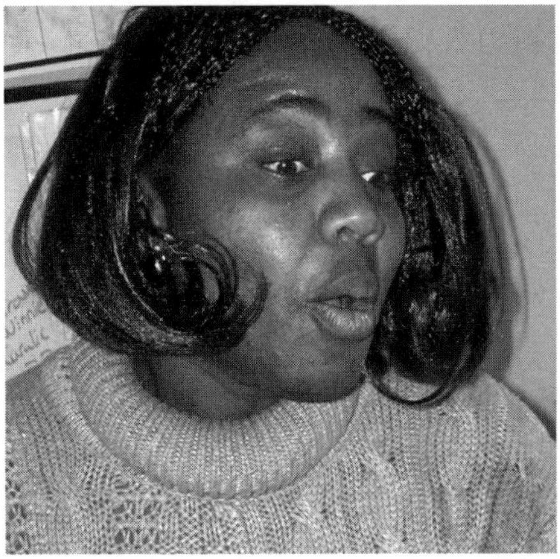

图 11.4

呼唤和回应：

教师的呼唤	幼儿的回应
PARA（降……）	CHUTE（……落伞）
CHEWING（咀嚼……）	GUM（口香糖）
RATADIDADA（滴答滴答）	DADA（嗒嗒）
HO HE（呦嗬）	HO HE（呦嗬）

【建议】等孩子们回应后停顿5秒钟，再（用平静的声音）说话。定期更换口号，避免让人厌倦。

- 倒着数：5—4—3—2—1—0—结束。
- 用玩具电话模拟接到神秘人的电话，给孩子们一个惊喜。要用逼真的方式来表演。“孩子们，有人打电话想告诉我们一些事情。我想听听他在告诉我们什么。啊，他在告诉我们是时候准备午睡了。”（3岁幼儿）
- 把一根魔法手指放在孩子们的嘴上，让他们放低声音。（2岁幼儿）
- 一起大笑。听到信号，就假装大声笑。听到第二个信号就停止假笑。笑可以减轻压力，并拉近团队成员的关系。（5岁幼儿）

> 避免使用传统的“嘘、嘘”来要求孩子们安静或降低声音。这种被反复使用的方式只会让孩子们变得更不耐烦，而不是让他们平静下来。教师通过降低自己的声音来做示范会更有效。

（十三）艺术游戏

- 允许孩子们在等待上厕所的时候在白板上涂鸦。（3岁幼儿）
- 让孩子们在一张固定在墙上的大纸上画画。把这张纸挂在外面，让孩子们在空闲的时候在上面画画。鼓励自发的绘画，不用考虑画得好不好或者像不像。（3岁幼儿）

> 不要使用传统的涂色任务来让孩子们忙个不停。它们扼杀了孩子们的创造力。前书写练习和前数学练习也都是如此。这些方式适合学龄儿童。在幼儿教育机构中，填鸭式的智力开发、提前的学科训练以及超前学习都没有立足之地。课程应聚焦于想象、游戏和开发儿童的潜能上。

（十四）给自己按摩（2岁幼儿）

- 发泡奶油：挥动、摇动手臂或身体的其他部位，制作想象中的发泡奶油，然后假装把它涂在腿上、脸上、手上等。
- 比萨：揉捏想象中的面团，并将它铺在腿上。假装加入番茄酱和其他配料（打小圈、轻拍、移动手指、轻轻触摸）。最后，把它放在地上烘烤。
- 一些身体护理：在脸上、手上和前臂上涂抹少量乳液。皮肤过敏的幼儿可使用家长提供的防晒霜。幼儿特别喜欢水果（如橙子或草莓）精油的香味。
- 柔和的感觉：轻柔地自我按摩脸颊、颈部、前额、耳朵和肩膀。
- 触觉绘画：让幼儿在前臂上画一幅想象中的画，然后擦掉。共重复2~3次。

参考文献

Betsalel-Presser, Raquel, and Denise Garon. 1984. La garderie: Une expérience de vie pour l'enfant. *Volets 1-2-3*. Québec: Les Publications du Québec.

Boisvert, Jovette. 2000. Dis merci! *Le Magazine Enfants Québec* 12 (5):37–40.

Bredekamp, Sue, and Carol Copple. 1997. *Developmentally appropriate practice in early childhood programs. Rev. ed.* Washington, DC: NAEYC.

Brickman, Nancy Altman, and Lynn Spencer Taylor. 1991. *Supporting young learners 1: Ideas for preschool and day care providers.* Ypsilanti, MI: High/Scope Press.

Davidson, Jane. 1982. Wasted time: The ignored dilemma. *Curriculum planning for young children.* Ed. Janet Brown. Washington, DC: NAEYC.

Essa, Eva. 1990. *A practical guide to solving preschool behavior problems.* 2nd ed. Albany: Delmar Publishers.

Hendrick, Joanne. 1988. *The whole child: Developmental education for the early years.* 4th ed. Columbus, OH: Merrill Publishing.

Hohmann, Mary, and David P. Weikart. 1995. *Educating young children: Active learning practices for preschool and child care programs.* Ypsilanti, MI.: High/Scope Press.

Lambert-Lagacé, Louise. 2000. *Feeding your preschooler: Tasty nutrition for kids two to six.* Toronto: Stoddart.

Larose, Andrée. 2000. *La santé des enfants . . . en services de garde éducatifs.* Québec: Les Publications du Québec.

Lauzon, Francine. 1990. *L'éducation psychomotrice: Source d'autonomie et de dynamisme.* Québec: Presses de l'Université du Québec.

Legendre, Renald. 1993. *Dictionnaire actuel de l'éducation.* 2nd ed. Montréal: Guérin.

Martin, Jocelyne, Céline Poulin, and Isabelle Falardeau. 1992. *Le bébé en garderie.* SainteFoy, Québec: Presses de l'Université du Québec.

Miller, Darla Ferris. 1990. *Positive child guidance.* Albany: Delmar Publishers.

Papalia, Diane E., Sally Wendkos Olds, and Ruth Duskin Feldman. 1998. *Human development.* 7th ed. Boston: McGraw-Hill.

Petit, Jocelyne. 1997. *Manger avec des enfants: Pour le plaisir et pour la vie.* Sainte-Foy, Québec: Presses de l'Université Laval.

———. 1994. *Manger en garderie: Un art de vivre au quotidien.* Laval, Québec: Éditions Beauchemin.

Pimento, Barbara, and Deborah Kernested. 2004. *Healthy foundations in early childhood settings.* 3rd ed. Toronto: Thomson Nelson.

PROSOM (association nationale de promotion des connaissances sur le sommeil). 2006.

Thirion, Marie, and Marie-Josèphe Challamel. 1999. *Le sommeil, le rêve et l'enfant: De la noissance à l'adolescence.* 2nd ed. Paris: Albin Michel.

Tyminski, Carroll. 2006. *Your early childhood practicum and student teaching experience: Guidelines for success.* Upper Saddle River, NJ: Pearson/Merrill/Prentice Hall.

Weitzman, Elaine. 1992. *Learning language and loving it: A guide to promoting children's social and language development in early childhood settings.* Toronto: Hanen Centre.